教师减负：
理论、实践与
政策

赵　健　吴旻瑜 等　　　著

华东师范大学出版社
·上海·

图书在版编目(CIP)数据

教师减负:理论、实践与政策 / 赵健等著. —上海:华东师范大学出版社,2023
ISBN 978-7-5760-3774-6

Ⅰ.①教… Ⅱ.①赵… Ⅲ.①中小学教育-教育环境-建设-中国②中小学教育-教学环境-建设-中国
Ⅳ.①G639.20

中国国家版本馆 CIP 数据核字(2023)第 063087 号

教师减负:理论、实践与政策

著　者　赵　健　吴旻瑜等
责任编辑　吴　伟
责任校对　王丽平　时东明
装帧设计　刘怡霖

出版发行　华东师范大学出版社
社　　址　上海市中山北路 3663 号　邮编 200062
网　　址　www.ecnupress.com.cn
电　　话　021-60821666　行政传真 021-62572105
客服电话　021-62865537　门市(邮购)电话 021-62869887
地　　址　上海市中山北路 3663 号华东师范大学校内先锋路口
网　　店　http://hdsdcbs.tmall.com

印 刷 者　上海展强印刷有限公司
开　　本　787 毫米×1092 毫米　1/16
印　　张　12.75
字　　数　191 千字
版　　次　2023 年 10 月第 1 版
印　　次　2023 年 10 月第 1 次
书　　号　ISBN 978-7-5760-3774-6
定　　价　45.00 元

出 版 人　王　焰

(如发现本版图书有印订质量问题,请寄回本社客服中心调换或电话 021-62865537 联系)

序

对于我国教师队伍建设,党的二十大报告强调,"加强师德师风建设,培养高素质教师队伍,弘扬尊师重教社会风尚"。关注教师负担和职业幸福,是尊师重教的重要内涵。随着现代社会对人才培养提出越来越高的要求,人们对于教育事业寄予越来越多的期望,教师负担问题已经在世界范围内受到了关注。

早在新中国成立之初,教师的身体健康问题就受到一定关注,1960年发布的《关于保证学生、教师身体健康和劳逸结合问题的指示》对此提出了一系列要求。但在之后几十年中,教师的负担问题一度淡出教育政策和研究者的视野。改革开放以来,经济发展和社会建设对人才培养提出了越来越高的要求,教师队伍的发展主要关注提升教师队伍的专业水平、加强教师的待遇保障、建立健全教师管理的法制环境等。而最近十余年,无论是我国还是全世界都逐渐步入信息化时代,社会不断变革,生产方式、生活方式、社会结构都在变化,教育要培育能够应对复杂多变世界的人,这一重任自然落到了教师身上;教师自身既要适应这一变化进程,同时又必须承担推进教学变革、引领学生学习创新的责任。这给原本高要求的教师工作带来了更多的挑战。更何况,由于学校教育是整个社会运作系统中的一环,其他环节中任何新的观念、新的要求都会直接或间接地"进课堂""进校园",教师群体的工作负担问题日益凸显,为教师减负的声音日益受到全社会的关注。

2019年,中共中央办公厅、国务院办公厅发布《关于减轻中小学教师负担进一步营造教育教学良好环境的若干意见》(以下简称《意见》),为营造全社会尊师重教的氛围,为创造教师安心、静心、舒心从教的良好环境,从提高认识、统筹规范督查考评、统筹规范社会事务进校园等多方面提出要求,并要求各省市出台相应的减负清单。从《意见》和各省市清单可以看出,中小学教师长期以来确实受到各类工作摊派、形式主义任务、非教学任务的困扰。然而,一方面,正如教育部教师司司长任友群所指出的,教师减负是老大难问题,必须加强对各地落实工作的持续督导,防止执行不力、流于形式。另一方面,减去非教学任务摊派,仅仅是还原了教师工作的本来面貌。我们还需要特别重视的是,教师的专业内涵在经受不断变革的挑战,教师需要不断学习、不断更新,教师还有着无可回避的发展性负担。2020年初至今,伴随着社会形势的发展变化,在线教学和线上线下融合教学成为常态,包括"元宇宙"的出现,已经把教师推到教育数字化转型的实践前沿。因此,教师减负其实并不意味着教师的工作变得"轻松",而是要为教师创设更多的时间和空间去迎接教育变革,从而推进教师队伍高质量发展。

我很高兴地看到,本书的研究团队正是带着对教师负担的深刻理解展开研究的。2019年以来,依托华东师范大学国家教育宏观政策研究院的智库项目"新时代我国中小学教师职业负担及'教师减负'的政策研究",研究团队展开了历时两年多的深入研究,对教师减负问题作出了多方面的探索,取得了一批成果。本书内容既涉及教师职业负担问题的理论剖析,也涉及其他国家教师减负政策的考察比较,更涉及我国教师减负政策的历史回顾、梳理解读,以及当前教师职业负担和减负政策成效的实证考察,可以说,本书对当前我国中小学教师职业负担问题的解决作出了全方位的总结和展望。

书中所体现的以下四个方面的工作很有价值。

首先,梳理了教师职业负担相关的概念和理论,对现有教师负担研究的各类工具进行了综述。"负担"一词在中文里的含义相对庞杂,在不同的研究文献、日常语言等不同语境中的含义也并不统一,因此有必要作出梳理。而相较于其他职业,教师负担之所以引起关注,是因为其职业负担在质和量上均存在特殊性。教师究竟是怎样一种职业,其工作内容是怎样的,承担的角色又是怎样的,都是理解教师负担问题所无法跳过的重要基础。

其次,开展了教师减负政策的国际比较研究。本书挑选了若干个具有代表性的、对于教师减负已有政策实施和相关研究的国家，其中既有教育制度与我国大相径庭的美国、英国，也有教育文化和教师负担问题严重性均与我国类似的日本，另外还有俄罗斯。对这些国家教师负担的研究，既将经合组织(OECD)所开展的教师教学国际调查(Teaching and Learning International Survey，TALIS)数据作为共同的分析基础，也从各国政治、文化、经济等多角度进行了政策分析和比较。研究这些国家教师减负政策的背景、内容、实施、成效、困境，比较我国与这些国家教育制度、教育文化、教师队伍建设现状的异同，将有助于我们更加深刻地理解教师负担问题及其成因与治理。

再次，对我国现行中小学教师减负政策进行了全方位研究。研究团队收集了新中国成立以来国家层面的相关政策文件，以及当前实行的政策文件、各省市出台的教师减负清单，结合当前我国教师队伍建设要求、学生减负要求等背景以及国际组织相关数据，进行了梳理分析和实证调查。研究结合大规模问卷调查、教师抽样访谈等实证研究方法，从研究结论来看，一方面，尽管教师的非教学负担已经去除了较多，但是教师反映总体负担还未能减轻很多，这意味着对教师负担变量的研究还需要更加深入和细致；另一方面，在全面实施当前教师减负政策的过程中，显现出了地方政策同质化、政策落实所需保障滞后、行政部门联动不足、与其他政策还需要协调等问题，这些问题需要进一步予以解决。

最后，研究者结合当前教育数字化转型的大背景，通过对大规模线上教学中的教师负担情况开展实证调查，对技术演进与教师负担之间复杂的关系进行理论研究，初步探索了数字时代教师负担的发展规律，提出了教育数字化转型时期教师专业发展的新要求。

经合组织 2018 年的 TALIS 报告认为，一个国家对教师职业价值的认识、重视程度，直接体现了其对教育的重视程度。同年，中共中央、国务院印发《关于全面深化新时代教师队伍建设改革的意见》，在这份新中国成立以来首次由中央发布的关于教师的文件中，鲜明地提出了要"造就党和人民满意的高素质专业化创新型教师队伍"，要"提升教师的政治地位、社会地位、职业地位"。2019 年，《中国教育现代化 2035》将建设高素质专业化创新型教师队伍列为我国面向教育现代化的十大战略任务之一。2022年4月，教育部等八部门印发《新时代基础教育强师计划》，提出了面向2035年教育现代化目标的十五条具体的强师措施，并将"推进中小学教师减负"作为政策保障的重要内容，这意味着在国家层面明确了教师的职业价值、专业内涵和教师减负之间的内在关系。正如本书中所建议的，从减负政策的短期落实成效看，教师减负关注的是非教学负担的减轻情况，而从长远考虑，其更关乎教师专业的标准化建设和更高水平的教师队伍治理，教师队伍建设正是在这样"减"与"增"的辩证法中进行的，以推动教师更好地投入到课程教学的持续改革和教育数字化转型的大潮中，实现教师队伍的高素质、专业化、创新型成长，让这支队伍支撑起一个大国的立德树人和教育现代化的宏伟事业。

张民生

2022年12月于上海

目　录

第一章　导论:教师负担及其治理

第一节　教师负担的内涵及其关联概念

职业负担主要是职业健康与安全这一研究领域所关注的问题。这是一个多学科的话题领域,相关研究涉及心理学、医学、工程学、社会学、管理学等多个学科,关注人们在工作中的安全、健康和福祉。围绕职业健康与安全,多学科的研究者提出了许多重要概念,这些概念在国内外教师负担研究中均有涉及,与教师负担有着不同程度的密切关系,包括:职业负担(workload)、职业压力(stress)、压力源(stressor)、职业紧张(strain)、职业倦怠(burnout)、耗竭(exhaustion)、工作要求(job demands)、职业幸福感(well-being)、职业健康(health)、职业胜任力(competence)、职业资本(capital)、职业资源(resource)等。本章将着重阐释职业负担,兼顾与教师负担关联紧密的相关概念,并对它们之间的关系进行梳理。

一、职业负担与职业压力

在关注教师职业健康的研究中,负担和压力是两个出现率极高的概念。在这些研究中,负担和压力经常被同时提及,负担重和压力大往往相伴出现;在人们日常对职业进行的相关探讨中,负担和压力也常被混用,以描述职场人的状态。可见两者存在着一定的联系,且均与教师职业健康息息相关。

中文里的"负担"是一个相对模糊、多义的概念,国内教师负担相关研究对负担概念的解释并不统一。较有共识的一点是,负担包括工作职责所对应的工作量,如"教师负担指的是教师职业必须履行的分内职责及其应有工作量"①。部分研究者认为压力也是负担的一部分,"教师负担即教师应担当的责任、履行的任务和承受的压力"②;"中小学教师工作负担被界定为中小学教师在教育教学工作中为履行教书育人的职责而承担的教育责任、教育工作,以及由此产生的压力、为此付出的代价等"③。此外,有国内研究者认为,负担可以区分为分内负担和分外负担,分内负担是职业要求内的合理负担,分外负担是超出合理范围的工作带来的压力、代价等④;教师负担可以当作中性词来理解,可一旦超过合理范围,教师负担就成了贬义的、负面的、消极的超负荷工作⑤。

作为中文"负担"的英文对应词,"workload"在不同语境中也被翻译为"负荷"或"工作量"。英文职业负担研究中的"workload"概念较明确。"workload"是中性词,指工作职责和任务,在英文研究中常被表述为工作要求(job demands),不包含其带来的压力和代价。韦纳(J. S. Weiner)分析了负担概念和压力概念的关系:负担(workload)是最终会消耗工作者能量的外在工作负荷;个体会对工作负荷做出生理和心理的反应,这种在个体身上产生的内在结果就是压力(stress)⑥。

其他相关研究中对压力的定义也基本与之一致:压力是个体对外界环境做出的,或生理或心理或行为偏差上的适应性反应⑦;压力是人体对来自外界的各种要求做出的非特定的适应性反应⑧。在国内外教师职业研究中,对压力的定义

① 鄢秀娟. 教师也需要减负Ⅱ[J]. 当代教育论坛(学科教育研究),2007(3):73.
② 柳士彬,胡振京. 论"减负"背景下教师负担的减轻及其素质的提高[J]. 继续教育研究,2002(1):64.
③ 殷竣晓,赵垣可. 中小学教师工作负担:概念、归因与对策[J]. 江苏教育,2019(10):31.
④ 王毓珣,王颖. 关于中小学教师减负的理性思索[J]. 湖南师范大学教育科学学报,2013,12(4):56—62.
⑤ 张雅静. 中小学教师工作负担的来源与排解[J]. 教育科学论坛,2019(4):59—64.
⑥ Weiner J S. The Measurement of Human Workload Given at The University of Sussex, Brighton, Sussex, England, on 30 March [J]. Ergonomics, 1982,25(11):953-965.
⑦ Hellriegel D, Slocum J W. Organizational climate: Measures, research and contingencies [J]. Academy of Management Journal, 1974,17(2):255-280.
⑧ Selye H. The Stress of Life [M]. Revised ed. New York: McGraw-Hill, 1976.

则呈现为对职业环境和相应身心反应的描述，"职业压力即指教师面对职业中的威胁性或不良事件时出现的身心紧张状态"[①]；"教师压力指教师由于自身素质及外界各方面的原因而导致的一种不愉快的情感体验，如愤怒、焦虑、紧张、沮丧等"[②]。韦纳指出，负担和压力均能以某种方式被测量，而各种调查和实验都表明，同样的负担在不同个体身上会呈现出不同的压力水平。这说明了职业负担和职业压力是两个相互区别又相互联系的概念，尽管压力是负担造成的一种反应，负担却不是决定压力水平的唯一因素。

综合国内外研究对负担和压力的概念解析，教师职业负担的内涵应当是教师的工作职责带来的工作量或者说是工作负荷；教师职业压力则是教师工作中的各种相关因素在教师身上造成的生理和心理的反应。

二、教师负担的内涵：质与量

自职业负担受到研究者关注以来，负担的度量就是一个难以解决的问题。不同的职业要求使人与人的职业负担千差万别，同样的时间内，人们可能承受完全不同的负担，这给职业负担的度量带来了很大的困难。负担的定义已经决定了它应当是客观的、明确的；但在研究中，如果无法对负担进行客观的度量，就只能以人们对自身负担的主观描述为依据。因此赛尔斯(S. M. Sales)区分了负担的"质"和"量"[③]，以解释未被给予充分时间的工作任务带来的负担过载以及工作者能力不足以完成任务导致的负担过载。这一区分被肖(J. B. Shaw)和维克利(J. A. Weekley)通过实验验证[④]，并在后续职业负担和职业压力研究中得到进一步发展和诠释：负担包括"质"和"量"两个维度，负担的"量"是工作任务所要求的

① 刘晓明. 职业压力、教学效能感与中小学教师职业倦怠的关系[J]. 心理发展与教育，2004(2)：56.
② 李琼，张国礼，周钧. 中小学教师的职业压力源研究[J]. 心理发展与教育，2011,27(1)：97—104.
③ Sales S M. Some effects of role overload and role underload [J]. Organizational Behavior and Human Performance, 1970(5)：592 - 608.
④ Shaw J B, Weekley J A. The effects of objective work-load variations of psychological strain and post-work-load performance [J]. Journal of Management，1985(11)：87 - 98.

工作总量,负担的"质"则指这些工作的难度和复杂性①②。

对负担的"质"与"量"的区分,为我们提供了理解、分析、度量教师负担的框架。教师负担研究不仅需要把握教师的工作时长,更需要掌握教师的工作内容及其特点,结合教师各项工作的时间分配来探讨教师负担的总体情况。

对于教师工作内容和教师工作时间,国内外已有较多研究分别对两者进行探讨;受限于研究方法,结合两者对教师负担进行的研究仍然较少。

(一)教师负担"质"的特点

负担的"质"关注的是工作内容的难度和复杂性。要了解某职业负担的"质",就要了解该职业的各类工作内容,对其难度和复杂性进行分析。我们都有体验,在同样的时长内,进行不同的工作使人产生不同的身心损耗,且不仅损耗程度不同,损耗的类型也不同;同时,职业负担由许多不同类型的工作要求、工作内容组成,这些工作内容也有着质的不同。

人们在工作中履行职责的主要行为是进行劳动,是劳动使我们的身心产生损耗,使职责成为职业负担。因此,劳动是分析职业负担复杂性的一个有效概念工具。现有研究已经提出了体力劳动、脑力劳动、情绪劳动等人类劳动的类型,这些劳动有着质的不同,人在进行劳动时产生的损耗也不同。相关理论在职业负担研究中已有应用,以探究不同的劳动内容对工作者身心健康的影响。此外,最新的研究发现,除劳动要求以外,工作要求中还包含了对承担责任的要求,责任也会对工作者造成压力。以下将从脑力劳动、体力劳动、情绪劳动、责任这四个方面对教师工作负担的"质"进行解析。

1. 脑力劳动

脑力劳动指工作者主要以大脑神经系统为主要运动器官的劳动,对应的负

---

① Cooper C L, Dewe P J, O'driscoll M P. Organizational stress: A review and critique of theory, research, and applications [M]. Sage Publications Inc, Thousand Oaks, 2001.

② Bowling N A, Alarcon G M, Bragg C B, Hartman M J. A metanalytic examination of the potential correlates and consequences of workload [J]. Work Stress, 2015,29(2):95 - 113.

担为需要运用智力、知识和技能的工作要求。教师的工作内容包含大量脑力劳动,如备课、授课、批改作业、辅导学生、组织活动、参加会议等,种类繁多、要求复杂。当前的教师培养机制所做的努力,几乎完全投入在培养脑力劳动能力上;而教师所从事的最主要的脑力劳动——教学,更是教育学学科的重要研究对象,这意味着教师的脑力劳动具有极大的复杂性、特殊性、重要性。

2. 体力劳动

虽然通常来说,教师不被认为是体力劳动者,但相较于其他脑力劳动者来说,教师的工作职责实际上包含了相对较重的体力劳动:教师授课需要进行长时间的站立,更需要长时间用较大的音量说话,这给教师的体力和身体健康带来较多损耗,慢性咽喉炎、静脉曲张等可以说是教师的"职业病"。

3. 情绪劳动

情绪劳动(emotional labor)概念由社会学家霍克希尔德(A. R. Hochschild)于 1983 年在《心灵的整饰》(*The Managed Heart*)一书中提出,最初主要被应用于针对服务行业从业人员的职业研究中。霍克希尔德最初将其定义为"在公共场合,为呈现他人可见的面部表情和肢体语言而对自己的个人感受进行管理"[①]。情绪劳动概念的内涵在之后的社会学、心理学研究中得到拓展:指人在工作中调整、管理自己的情绪以适应工作要求,是一种有别于体力劳动和脑力劳动,而实际上与这两者同样广泛存在的劳动形式。情绪劳动作为一种职业的"角色扮演",可区分为三种形式:表层扮演——改变外在情绪表达,不调整真实情绪;深层扮演——调整内心情绪以进行情绪表达;自然行为——不调整,展现真实情绪。大量实证研究表明,情绪劳动对工作者的压力水平、倦怠、情绪衰竭、工作投入都有一定影响,而情绪劳动带来的负面影响主要来自表层扮演[②][③]。

---

① 廖化化,颜爱民.情绪劳动的效应、影响因素及作用机制[J].心理科学进展,2014,22(9):1504—1512.

② 司晴,牟依晗,刘哲,赵然.情绪劳动、心理资本与工作投入的关系:焦点解决干预研究[J].心理技术与应用,2019,7(12):723—734.

③ Morris J, Feldman D. The Dimensions, Antecedents, and Consequences of Emotional Labor [J]. The Academy of Management Review,1996,21(4):986-1010.

许多研究指出,需要进行大量情绪劳动是教师职业的一个显著特征①。教师的主要工作职责是教书育人,由于教育工作的特殊性,这一工作职责所要求的劳动主要通过人际互动展开:对学生进行授课、管理,与家长进行沟通,与同事、领导进行合作,均包含情绪劳动;尤其是授课和学生管理工作,对教师的情绪管理有着极高的、持续性的要求。教师的情绪劳动已经引起了教师职业研究的关注,研究发现,教师对职业角色的深层扮演和自然行为对职业倦怠有抑制作用,表层扮演则容易导致情绪耗竭、工作倦怠;而心理资本对情绪劳动带来的压力有缓解作用②。但对于究竟是什么使教师采取自然行为、表层或深层扮演的情绪劳动策略,目前尚无深入研究。

4. 责任

除工作内容本身外,工作中的责任要求也作为职业负担的另一种来源、另一方面的"质"而被发现。完成相同的工作内容时,在要求承担责任和不要求承担责任的条件下,所对应负担的"质"是不同的。目前,责任负担并未作为一个概念被明确提出,现有研究未对其进行澄清或定义,但责任作为影响职业压力的重要工作要求之一已经出现在许多职业研究中,尤其是对教师、医务工作者、警察、公职人员等职业群体的研究中,需承担重大责任这一工作要求已经引起了重视。笔者综合现有研究,将责任负担概括为:对工作者未能按期望完成工作时需承受一定问责的相关要求;问责可能来自法规、舆论、道义甚至工作者自身。教师、医务工作者、警察等职业担负着引导孩子学习成长、维护人的生命安全等职责,工作者未完成工作意味着不可逆的、影响重大而深远的后果,从而普遍有着较重的责任负担。教师由于承担教书育人这一特殊工作,本就担负着巨大的责任,在现今社会对人才培养的高需求、家长的高期待之下,其责任负担还在日益加重。"要拼成绩、要管理学生,还要考虑学生的心理承受能力,不敢批评、不敢训斥、不

---

① 毛晋平,莫拓宇.中小学教师心理资本、情绪劳动策略、工作倦怠的关系研究[J].教师教育研究,2014,26(5):22—28+35.
② 尹坚勤,吴巍莹,张权,贾云.情绪劳动对幼儿园教师的意义:一项定量研究[J].华东师范大学学报(教育科学版),2019,37(6):109—122.

敢大声说话,害怕学生心里留下阴影、害怕学生抑郁,甚至更可怕的后果……",从许多类似的教师感言可以看出,对所需承担责任的担忧正在成为教师群体的一个重要压力来源;有调查显示,对学生安全、成绩与升学的担忧和责任,从家长身上转移而来的责任,以及育人的责任本身之重大都加重了教师群体的压力感[1][2]。

可见,教师负担的"质"包含工作内容中的脑力劳动、体力劳动、情绪劳动带来的负担,以及工作要求中的责任带来的负担;而且教师负担在这四个方面的"质"的表现均有其独特性。需要说明的是,同一项工作任务完全可能同时具有多个方面的质;或者说,大部分工作任务实际都具有多个方面的质。纯粹的脑力劳动、体力劳动、情绪劳动在现实中较稀少,完全不需要承担责任的工作任务几乎没有。例如在教师的工作任务中,课堂教学就同时具有脑力劳动、体力劳动、情绪劳动、责任这四个方面的"质"。分析教师工作任务"质"的构成,就要分析工作的难度和复杂程度,结合各类时间等相关要求,对负担总量进行度量,认识教师负担的真实状况。

(二) 教师负担"量"的特点

教师职业负担在"量"上的严重性和特殊性同样需要引起重视。在赛尔斯的定义中,负担的"量"仅关乎工作时长;但在之后的研究中,负担的"量"逐渐指向同时考虑负担的"质"和各类时间要求所得到的负担总量。也就是说,要客观、准确地把握职业负担,除负担的"质"之外,不仅要考虑工作的总时长,还需要考虑不同质的工作的时间结构分布、时间紧迫性等要求。遗憾的是,由于对工作者的工作时间结构进行记录难度较高,至今大多职业负担实证研究仍然使用工作总时长作为探讨负担的依据,因而当前对于教师职业真实负担的"量"的把握仍然不够全面和准确,一定程度上影响了教师"减负""减压"研究的精准性。即便如

---

① 朱秀红,刘善槐. 我国乡村教师工作负担的问题表征、不利影响与调适策略——基于全国18省35县的调查研究[J]. 中国教育学刊,2020(1):88—94.
② 阿拉坦巴根,刘晓明. 幼儿园教师职业压力问卷编制与现状分析[J]. 学前教育研究,2014(2):21—26+48.

此,仅就工作总时长来说,当前的教师负担已相当令人担忧,许多研究都发现,教师职业工作时间长,时间弹性大,工作时间对私人时间的侵蚀程度严重。有调查显示,我国中小学教师平均周工作时间为 52.54 小时,超出法定工作时间的 25%;平均每周在工作日晚上和周末工作的时间达 8.43 小时,占总工作时间的 16.04%;平均每周的教学课时为 10.54 小时,仅占总工作时间的 20.06%①。

三、教师职业压力及其相关概念

随着人类社会的高速发展和生活节奏的加快,职业压力已经成为全球热议的话题。我们已经知道,压力是人对于来自外界的要求做出的生理、心理上的反应。职业压力(occupational stress)或工作压力(job stress)是人在职业环境中对工作要求做出的生理、心理上的反应,有时也被翻译为"职业应激""工作应激"。国内外研究中较有共识的一点是:压力是客观存在的,在工作中每个人都多多少少体验着工作带来的压力。从本质上说,它是我们的身体为了更好地适应环境所做出的反应,适当的压力能使我们更好地适应环境、进入工作状态而完成工作,促使我们调整自己、学习新事物、迎接挑战。但当压力超过一定程度,会对人的身心造成各种各样的负面影响,对负面影响进行分析、预防和控制,是职业压力研究的重点。心理学、神经医学、社会学、管理学等领域积累了大量有关职业压力的状态描述、发生原理、作用机制、测量等方面的研究成果,提出了许多关键概念和理论。

职业紧张(strain)是与职业压力关系最为密切的概念,在部分研究中,两者被直接等同。紧张是压力引发的身心状态——这样的解释似乎很难说明压力与紧张的区别;以工程学、机械力学的方式来理解,可以为这两者的关系提供一个类比或者说是线索:压力是被施加在对象上的力(force),紧张则是该对象在这个力的方向上产生的形变(deformation)。结合职业语境,我们为适应工作环境和工作要求做出的反应会对自己的身心施加力;而由此引发的与施力前不同的身

① 李新翠. 中小学教师工作量的超负荷与有效调适[J]. 中国教育学刊,2016(2):56—60.

心状态,就是职业紧张。可以说,职业紧张是职业压力的表现。

为了对职业紧张进行描述、对职业压力造成的后果进行测量,一些相关概念随之被进一步提出。职业倦怠(burnout)是对职业压力过大导致的职业紧张现象进行的描述,由心理学家弗罗伊登贝格尔(Freudenberger)提出,经社会心理学家马斯拉齐(Maslach)发展而被熟知;它又被翻译为职业枯竭、职业耗竭,指工作者长期不能顺利应对职业压力时产生的情感、态度和行为上的极端反应,包括情绪衰竭(emotional exhaustion)、去个性化(depersonalization)和低成就感(reduced personal accomplishment)三个方面的症状。

压力源(stressor)即压力的来源,指引发压力、紧张的各类因素,是职业压力研究的另一研究重点。已知的职业压力来源种类繁多,最直接的职业压力源就是工作要求,也就是需要完成的工作任务,即职业负担。此外,工作的物理环境、所在组织的特点、与共同工作者或服务对象的人际关系、工作者自身的某些特征,都可能成为压力源。大量研究关注各类压力影响因素与压力水平之间的变量关系,以及各压力影响因素之间的关系,以探究控制、预防压力的路径。

不论是在职业压力还是职业负担的相关研究中,教师都是备受关注的职业群体。从中国知网的数据来看,教师职业负担、压力相关研究的数量远超其他职业,许多调查反映出我国教师群体面临着严重的负担、压力问题。不仅研究数量和研究中提供的调查数据呈现了这一现象,在社交网络上也能随时看到很多教师吐露工作压力过大:"据说好多老师干几年因为承受不了压力辞职了,教师这个工作就像是给别人做嫁衣,下辈子有机会还是不当老师了,各种任务和考核。""下周一8节课,上完后立马出差培训。青年教师哪有'容易'两个字。""很多老师都患有开学前焦虑症,害怕开学、不愿开学。""每天备课压力好大,今天突然通知我要在教师节发言,我不配休息。""工作压力太大,没有精力照顾家庭和孩子,情绪控制也挺成问题。"……

从教师负担的"质"已经可以看出,教师职业的性质较为特殊,相较于其他职业,教师职业压力的影响因素更为复杂多元,这使得有关教师"减负""减压"等问题的调查研究及政策制定都更加困难。

四、教师职业资本

通过职业负担与职业压力的概念解析，可以明确的是：负担，或者说工作要求与职责，并不是影响职业压力水平的所有因素；承担同样的工作量时，不同的个体可能呈现出不同的压力水平，这意味着存在其他影响压力的因素。现有研究已经发现工作环境、组织管理、人际关系等都会影响压力水平，良好的组织管理机制、社会给予的尊重与保障等支持有助于工作者抵御职业压力和职业紧张；已有研究者总结了各种职业压力研究模型，探究包括工作要求在内的各类因素对职业压力的作用机制。其中影响力较大的是贝克(A. B. Bakker)和德莫鲁蒂(E. Demerouti)等人开发的职业紧张的工作要求—资源模型(Job Demands-Resources Model of Burnout，简称 JD-R)[①]。JD-R 模型将所有能从物理上、精神上、社会方面、组织机构方面减轻工作要求以及相关的生理和心理损耗，或有助于达到工作目标，或激励个人的成长、学习与发展的因素，归结为"职业资源"(job resource)。与职业资源相似的概念是"职业资本"(job capital)，其内涵与职业资源基本一致；但相较于"资源"，使用"资本"概念更凸显其投入工作中所带来的收益，暗示了其不仅可以支持工作者完成职责、应对压力，也能进一步提升工作者的职业成功(career success)和职业幸福感(well-being)。此外，还有部分研究将支持工作者完成职责的个人特质总结为"职业胜任力"(job competence)，职业胜任力的相关研究往往也关注职业资本。除社会支持方面的内涵不尽相同，职业胜任力在其余方面与职业资本、职业资源的内涵基本一致；也有研究指出，职业资本的内涵大于职业胜任力，不仅包括工作者的能力、价值观等，还包含其他与职业发展相关的有形或无形资本。职业资本往往被区分为以下三类：人力资本、社会资本和心理资本[②]。尽管三者起源于经济学、社会学、心理学等不同学科，但

---

① Demerouti E, Bakker A B, Nachreiner F, Schaufeli W B. The job demands-resources model of burnout [J]. The Journal of applied psychology, 2001, 86(3): 499 – 512.

② 周文霞, 谢宝国, 辛迅, 白光林, 苗仁涛. 人力资本、社会资本和心理资本影响中国员工职业成功的元分析[J]. 心理学报, 2015, 47(2): 251—263.

已有大量研究在职业情境中探讨三者的相互关系和影响效应,以及三者对于调节教师职业压力的重要作用。针对教师的研究发现,提高教师职业胜任力是减轻教师职业压力的途径之一[①],教师胜任力能够显著调节职业压力、职业倦怠[②],也就是说,教师职业资本对教师职业压力有调节作用。

(一) 人力资本

人力资本概念由经济学家舒尔茨(T. W. Schultz)于 1960 年提出,指的是工作者具备的能力总和,包括体力与健康水平、知识、智力、技能、所受教育与训练等,以及责任心、诚信、仔细、谨慎等品质。人力资本是个体应对职业负担最不可或缺的因素,拥有足够的、适配的人力资本是完成工作任务的必要条件。许多研究将人力资本区分为一般性人力资本和专用性人力资本,这意味着人力资本有专业或职业特征。当前使用人力资本概念的教师职业研究大多关注教师人力资本与绩效的关系;也有教师压力研究关注职业胜任力、教师专业素养,其所探讨的人力资本包括教学能力、人际沟通能力、信息收集能力等,教师专业素养则指向教师的专用性人力资本,现有研究通常以教师学历、教学经验、教学能力等作为指标对其进行测量。

(二) 社会资本

社会资本概念则在 20 世纪 80 年代由社会学家格兰诺维特(M. Granovetter)提出,至今没有统一的定义,较有共识的一点是:社会资本指的是与人际关系有关的资源。布迪厄(P. Bourdieu)认为社会资本的存在方式就是关系网络;林南则指出,社会资本嵌入在个人社会网络中,并非个人直接占有,而是通过个人直接或间接的社会关系获取。尽管在许多职业研究中,社会资本主要指

---

① 姚恩菊,陈旭,韩元亚. 胜任力和应对策略对教师职业压力的影响[J]. 心理发展与教育,2009,25(2):103—108.
② 王钢,苏志强,张大均. 幼儿教师胜任力和职业压力对职业幸福感的影响:职业认同和职业倦怠的作用[J]. 心理发展与教育,2017,33(5):622—630.

可被工作者利用以完成工作的个人社会关系网络;但依据现有的社会资本定义,社会资本概念所能涵盖的影响教师职业压力与紧张或职业幸福感的因素远远不止个人的社会关系。在工作中,能够对工作者提供支持的不仅仅是工作者个人的社会关系网络,同样包括工作者所在的社会各个层面的共同体,比如最基本的工作单位和家庭;国家和政府为工作者提供的支持,也同样属于社会资本范畴。由此,以教师为例,我们可以依据来源梳理工作者可能拥有的社会资本:家庭支持,如家人对教师从教的认可和精神支持、其他家庭成员分担家务等;亲友支持,如亲友对教师从教的认可和精神支持,并在适当的时候提供的帮助;单位、组织因素,如学校的管理氛围、同事之间的友好相处与密切合作、合理的评价机制、各种福利等;政府因素,包括政策保障、财政投入、职称评级、对学校的管理监督等;来自社会整体的支持,如社会人士和舆论导向对教师职业的尊重配合,尤其体现在学生家长的尊重配合上。当前国内已有较多针对教师社会资本的研究,其中大多关注社会资本中的政策、教师社会地位等因素;部分研究将这些因素表述为社会支持(social support)。这些研究发现,社会支持对压力症状有显著影响[1],可以提高教师的职业适应、降低职业倦怠[2][3];同时能够提升心理资本,通过作为中介的心理资本减轻压力感[4]。同理,面对同样的职业负担,社会资本的匮乏——恶劣的工作环境、不合理的评价、缺乏合作的管理氛围、不被尊重理解,也会使工作任务变得更难完成,加重工作者的压力和紧张。因此,社会资本也是影响职业压力的重要因素;而且社会资本牵涉的因素较多;相较于人力资本,其与职业负担应对的关系更为复杂,在教师"减负""减压"路径的探索中,应对其存在形式和作用机制加以进一步的考察。

---

① 方阳春.工作压力和社会支持对高校教师绩效的影响[J].科研管理,2013,34(5):136—143.
② 郭黎岩,李淼.中小学流动教师的职业适应与社会支持关系研究[J].教师教育研究,2010,22(3):56—60.
③ 宋中英.城市初中教师工作倦怠状况及其社会支持的关系研究[J].教师教育研究,2007(3):65—71.
④ 程秀兰,高游.幼儿园教师社会支持与工作投入的关系:心理资本的中介作用[J].学前教育研究,2019(12):41—51.

(三) 心理资本

心理资本概念在21世纪初由心理学家赛利格曼(M. E. P. Seligman)和卢森斯(F. Luthans)等提出,指个体的积极心理状态,包括自我效能(信心)、希望、乐观、坚韧等。近年来,心理资本在教师职业压力研究中受到越来越多的关注。多数教师压力相关研究采用类状态论的心理资本概念,即"心理资本是兼具特质性和状态性的一种积极心理素质"[①]。多项研究发现,心理资本能直接提高职业幸福感,提高个体动机、活力、积极情绪,同时降低压力反应[②③],尤其能够调节情绪劳动造成的情绪衰竭、去个性化等影响[④]。研究也发现,除直接产生于个人特质外,心理资本还受到人力资本、社会资本、职业负担等的影响,成为其他各类因素作用于压力水平的中介。不过,尽管现有研究揭示了教师心理资本的重要作用,但有关心理资本在真实职业环境中的来源,以及如何在实践中提升教师心理资本,则少有研究涉及。

综上,本章围绕教师负担,梳理了在各类研究中出现的相关概念的定义以及这些概念之间的关系。职业负担指的是工作要求和职责所带来的工作量或者说工作负荷,有"质"和"量"两个方面。职业负担的"质"关乎工作内容,可以归纳为四个方面:体力劳动带来的负担;脑力劳动,即需要运用智力、知识、技能的脑力工作要求带来的负担;情绪劳动,即为了工作要求而调整情绪、进行情绪劳动带来的负担;责任,即需要为工作成效负责的要求带来的负担。职业负担的"量"同时关乎负担的"质"和工作时间的相关要求,如工作时间结构、工作任务的时间紧迫度、工作总时长、工作对私人时间的侵占等。职业压力,指工作中的各种因素

---

① 李力,郑治国,廖晓明.高校教师职业心理资本与工作绩效:社会支持的中介效应[J].心理与行为研究,2016,14(6):802—810.

② 陈晓君,贾林祥.中小学教师心理资本及其开发策略[J].现代中小学教育,2018,34(9):60—63.

③ 张西超,胡婧,宋继东,张红川,张巍.小学教师心理资本与主观幸福感的关系:职业压力的中介作用[J].心理发展与教育,2014,30(2):200—207.

④ 毛晋平,莫拓宇.中小学教师心理资本、情绪劳动策略、工作倦怠的关系研究[J].教师教育研究,2014,26(5):22—28+35.

在工作者身上造成的生理和心理的适应性反应;这些因素包括职业负担,也包括影响工作者适应工作要求的各类资源和支持,也就是职业资本。职业资本包括人力资本、社会资本和心理资本。人力资本,指工作者职业能力的总和,包括体能、知识技能、个人品质等,在教师研究中通常通过学历、教龄、职称等进行测量;社会资本,指工作者通过社会关系、所在共同体获得的资源和支持,包括薪酬福利、管理氛围、硬件环境、家人和亲友的支持、社会的尊重配合等,对教师来说,这些职业资本来自家庭、同事、上级、学生家长、学校、政府、社会;心理资本,指个体的积极心理状态,从信心、希望、乐观、坚韧四个方面进行测量。职业资本的提升也意味着职业胜任力的提升。职业负担和职业资本共同影响职业压力的水平,而职业压力使个体产生反应后呈现的状态就是职业紧张。职业紧张超过一定限度,或长期处于职业紧张之中,可能带来职业倦怠、职业衰竭,使工作者产生情绪、态度、行为上的极端反应。职业压力、职业紧张水平影响工作者的职业健康、职业幸福感和职业成功。职业压力不过度、职业健康,是职业幸福感和职业成功的基本条件,而达到职业幸福感和职业成功则进一步要求个体的工作能力得到充分发挥、个人价值在职业生涯中得以实现。

有关教师负担关联概念的关系见图 1-1。

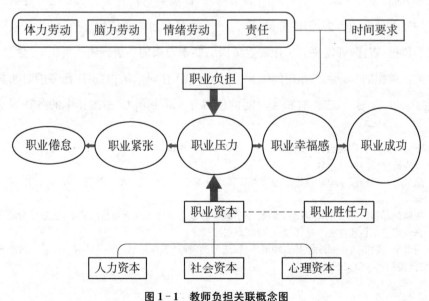

图 1-1　教师负担关联概念图

第二节 教师负担的度量依据及测量工具

为了切实减轻教师的负担和压力,从路径研究和长效的预防、监督、干预措施的角度来看,都需要有能对教师负担、教师职业压力和各类相关因素进行度量的工具。针对教师负担和教师压力,国内外均有大量的实证研究,这些实证研究一部分是使用自行设计的问卷量表进行调查;另一部分则借助普遍针对职业负担和压力的测量设计的现有研究工具进行调查。本节将针对国内外常用的前沿研究工具进行简要介绍。

一、职业压力的常见研究工具

教师是一种职业,教师职业压力可以使用通用的职业压力研究工具进行度量。由于职业负担是职业压力的来源,现有的职业压力研究工具均已考虑到了对职业负担进行度量的需求,开发了职业负担的度量工具。

现有职业压力度量工具中,应用最为广泛的有三个研究模型:贝克(A. B. Bakker)和德莫鲁蒂(E. Demerouti)等人于 2001 年提出的"工作要求—资源模型"(Job Demands-Resources Model,以下简称 JD-R)[1];卡拉塞克(R. Karasek)于 1979 年提出的"工作要求—自主性模型"(Job Demand-Control Model,以下简称 JDC)[2];齐格里斯特(J. Siegrist)于 1996 年提出的"付出—回报失衡模型"

---

[1] Demerouti E, Bakker A B, Nachreiner F, Schaufeli W B. The job demands-resources model of burnout [J]. The Journal of applied psychology, 2001,86(3):499 - 512.

[2] Van Der Doef M, Maes S. The Job Demand-Control (-Support) Model and psychological well-being: A review of 20 years of empirical research [J]. Work & Stress, 1999,13(2):87 - 114.

(Effort-Reward Imbalance Model,以下简称 ERI)①;JDC 和 ERI 模型在国内外教师职业负担研究中的应用都较少,且大部分研究将两者同时使用,互为补充。国内研究者王超等人结合 JDC 和 ERI 模型,构建了"工作负担—应对资本模型"②,弥补了两个工具在分析当今复杂职业特点中的不足,虽然其设计目的并非针对教师职业,但对教师职业负担的研究具有一定的参考价值。JD-R 模型在国内外教师负担研究中的应用相对较多。JD-R 模型本身不包含问卷,通常由研究者根据其框架自行设计问卷。这些研究中,尤其受到关注的是工作资源、心理资本等对教师职业压力的调节作用,例如有研究发现,上级、同事、亲友的支持对教师的工作投入有着重要的意义③,这些研究强调工作资源对增强教师工作投入和降低教师职业倦怠的潜在作用,以及情绪因素对教师工作压力的影响。

(一) 工作要求—资源模型(JD-R 模型)

JD-R 模型目的在于测量工作者的职业倦怠和职业压力水平。该模型将工作要求(job demands)定义为工作者在从事某职业的过程中,其于物理的、精神的、社会的、组织机构等各方面被要求付出的生理或心理的努力。职业资源则指的是所有从物理上、精神上、社会方面、组织机构方面能减轻工作要求以及生理和心理损耗,或有助于达到工作目标,或激励个人成长、学习与发展的因素。JD-R 模型中,工作要求包括五个方面:生理性工作负担、时间紧迫性、与服务对象的接触、硬件环境、工作时间规律;工作资源包括六个方面:收到的反馈、得到的回报、职业自主性、决策参与度、职业稳定性、上级支持。将其应用到不同职业的研究中时,应根据具体的职业特点设计对应的具体内容。JD-R 模型发现,当工作要求极高时,工作者容易觉得身心疲劳,但仅仅工作要求高不会产生工作不投入

---

① Siegrist J. Adverse health effects of high-effort/low-reward conditions [J]. Journal of occupational health psychology, 1996,1(1):27-41.
② 王超,李霜,余善法,戴俊明,刘晓曼,纪玉青,王瑾,朱晓俊,李涛. 职业紧张工作负担—应对资本测量工具的构建与评估[J]. 工业卫生与职业病,2017,43(1):8—14.
③ 申艳娥,张雅囡.工作资源对中小学教师工作投入的影响:工作要求的调节作用[J]. 杭州师范大学学报(自然科学版),2017,16(5):476—481.

的现象；当工作要求高，并且工作资源还非常有限时，工作者会产生疲劳且工作不投入的状态，而这种情况被称为职业倦怠综合征。

但由于 JD-R 模型不能解释同样条件下的个体差异，所以后来有不少研究者尝试在其中引入个体特征变量。目前被引入的个体性变量主要有职业胜任力、个体心理资源等。

JD-R 模型主要适用于工作内容中包含大量人际交往的职业，并且相关研究明确指出，该模型适用于教师职业，并已经得到广泛应用，如哈卡南(J. J. Hakanen)等总结了西方现有针对教师职业倦怠的研究中，造成教师心理压力最大的三个工作要求[1]：学生们的混乱行为、过多的工作量、较差的硬件工作环境；以及目前最主要的五个职业资源——职业自主、信息的获取、上级支持、革新性的学校气氛、社会大环境。

(二) 工作要求—自主性模型(JDC/JDCS 模型)

JDC 模型由卡拉塞克(R. Karasek)于 1979 年提出，并在 1988 年经由约翰逊(J. V. Johnson)等人改良，在其中加入社会维度，形成了"工作要求—自主性—支持模型"(Job Demand-Control-Support Model，JDCS)，其构建目的是测量职业紧张程度。工作要求指的是工作负荷，主要包括时间压力和角色冲突两个方面；自主性指的则是个人掌控自己的工作活动的能力，也叫决策范围，主要包括技术灵活性和决策权两个方面。JDC 模型认为，具备工作自主性能够降低工作压力；而工作要求会推动工作者学习，但也会增加工作压力。根据这两条规律，高要求、低自主性的工作体现为高度紧张型职业，高要求、高自主性的工作体现为学习型或者活跃型职业；低要求、高自主性的工作则体现为低紧张型职业，低要求、低自主性的工作体现为被动型职业。JDCS 模型包含工作内容问卷(JCQ)，将工作内容分为 5 个方面，共 22 个项目(另有 45 个项目的版本)：技能灵活度(要求学习新

---

① Hakanen J J, Bakker A B, Schaufeli W B. Burnout and work engagement among teachers [J]. Journal of School Psychology, 2006,43(6):495 - 513.

事物、包含重复工作、需要创造性、需要高技能、保证内容多元性、能发展个人特长)、决策权(高决定权、低决定权、对工作内容的影响力)、心理需求(要求快速工作、要求努力工作、没有超量工作、有足够时间完成工作、没有相互冲突的工作要求)、上级支持(上级关注下级的利益、上级在乎下级的想法、上级对完成工作有帮助、上级能够带来凝聚力)、合作伙伴支持(伙伴有能力、伙伴对本人感兴趣、伙伴很友好、伙伴愿意提供帮助)。

JDCS模型和JCQ问卷在国内外被广泛应用于许多职业的紧张度和幸福度研究中,如工人、医务工作者等;或者被应用于跨职业的普遍性职业紧张的相关研究中;但将其应用于教师职业负担研究的案例则较少。

(三) 付出—回报失衡模型(ERI模型)

ERI模型的构建目的是探究职业健康问题,关注失衡的高付出、低回报工作状态,研究焦点从之前JDC等模型中高度关注的"自主性"转向"回报"。ERI模型将工作中的付出分为两类:外在的付出,包括被要求做的事情、工作义务等;内在的付出,包括应对评价、要求决策权等。回报则指的是获得的薪酬、得到的尊重等。ERI模型的量表包括三个方面,共23个项目:外在付出(时间紧迫感、被打扰、责任感负担、超时工作压力、体力要求、工作要求的提高),回报(上级的尊重、同事的尊重、适当的支持、不公平对待、晋升前景、不好的工作变动、职业保障、适宜的职位、适宜的声誉、好的工作前景、适宜的薪酬),过度因素(过大压力、因工作产生的思虑、休息和下班时间、为工作做出过多牺牲、休息时脑海中仍然记挂工作、睡眠问题)。其中,过度因素是付出与回报及对应结果的辅助参照。ERI模型同样也被广泛应用于职业负担的相关研究中,且经常被作为JDC模型的补充,两者同时应用。

(四) 工作负担—应对资本模型

从上面三种职业负担研究模型所牵涉的因素(JD-R11,JDC22,ERI23)来看,这些因素总体来说存在着交错覆盖,或者互相之间有潜在的复杂因果关系。其中,JD-R模型中的因素较为概括,在实际应用中往往由研究者利用其框架,针对某职业制定更为细致的量表;JDC量表对工作内容的特质和对完成工作有帮助的外在因素有较为具体的表述;ERI量表对通过工作所得到的回报有较为具体的表述。从具体内容来看,三者都关注时间的紧迫性、上级的支持、人际关系;JD-R模型和ERI模型都提到了生理性负担、工作得到的回报、不同的工作内容、职业保障;JD-R模型和JDC模型都关注职业自主性;JDC和ERI模型都关注超时工作。仅JD-R模型考虑到的因素有硬件工作环境;仅JDC模型考虑到的因素有要求学习、重复工作、要求创造性、能施展个人特长、冲突的工作要求;仅ERI考虑到的因素有工作被打扰、责任感负担、不公平对待、职位、晋升前景、为工作做出的牺牲。由此可见,这三个模型均没有全面覆盖与职业负担相关的全部因素。

王超等人结合JDC模型和ERI模型设计的工作负担—应对资本模型,将这两者进行了合并重组,并且用应对资本来归纳所有有利于降低职业紧张的因素的概念,和JD-R模型也有一定的契合度。该研究总结JDC和ERI模型的共同核心内容为:"当工作可用资本(如自主性、收入、工作稳定性等)无法与工作负担相平衡时,可能导致职业应激(甚至是职业倦怠)的发生。"[①]该模型中工作负担采用ERI模型的付出维度6项(时间紧迫感、被打扰、责任感负担、超时工作压力、体力要求、工作要求的提高)以及JDC模型的心理需求5项(要求快速工作、要求努力工作、没有超量工作、有足够时间完成工作、没有相互冲突的工作要求);应对资本则采用JDC模型的自主性(重构为对工作内容选择和工作方式选择两个方面的自主权)、技能要求(仅采用技能水平、要求学习、要求创造性3项)、社会支持(拆分为家庭支持、同事支持和上级支持)以及ERI模型中的反馈维度(重构为尊重、公平、认同感和薪酬4项)、工作稳定性(仅采用职业保障和不好的工作变动2项)、工作前景(晋升前景和工作前景2项)。除了工作负担和应对资本外,该模型也考虑心理因素,采用ERI模型中的过大压力、逃避问题、下班后仍思虑工

① 王超,李霜,余善法,戴俊明,刘晓曼,纪玉青,王瑾,朱晓俊,李涛.职业紧张工作负担—应对资本测量工具的构建与评估[J].工业卫生与职业病,2017,43(1):12.

作3项。该模型经其研究团队在某电子元件企业各层次员工中进行的调查验证,具有较高的区分效度。

将以上四个职业压力研究模型中考量的具体因素按照职业负担和职业资本进行大致区分,可以得到表1-1。

表1-1 职业压力模型中的压力影响因素表

	JD-R模型	JDC模型	ERI模型	工作负担—应对资本模型
职业负担	生理性工作负担 时间紧迫性 与服务对象接触 硬件环境 工作时间规律	要求学习新事物 包含重复工作 需要创造性 需要高技能 保证内容多元性 能发展个人特长 要求快速工作 要求努力工作 没有超量工作 有足够时间完成工作 没有相互冲突的工作要求 高决定权/低决定权 对工作内容的影响力	时间紧迫感 被打扰 责任感负担 超时工作压力 体力要求 工作要求的提高	大工作量 超额工作 节奏快 任务冲突 紧迫感 工作打扰 责任大 加班工作 体力要求 工作要求
职业资本	收到的反馈 得到的回报 职业自主性 决策参与度 职业稳定性 上级支持	上级关注下级的利益 上级在乎下级的想法 上级对完成工作有帮助 上级能够带来凝聚力 伙伴有能力 伙伴对本人感兴趣 伙伴很友好 伙伴愿意提供帮助	上级的尊重 同事的尊重 适当的支持 不公平对待 晋升前景 不好的工作变动 职业保障 适宜的职位 适宜的声誉 好的工作前景 适宜的薪酬	决定如何做 决定做什么 学习机会 技能水平 创造性 家庭支持 同事支持 上级支持 不公正对待 晋升前途 工作业绩与努力对前途影响 岗位变动 工作稳定性 工作地位 尊敬和威望 收入

(五) 职业倦怠量表(MBI)

马斯拉齐是职业倦怠概念最早的研究者之一,他将职业倦怠区分为三个维度:情感枯竭、去个性化、成就感缺失,这一区分至今仍被许多研究所沿用。情感枯竭指工作者的情感反应和活力被消耗殆尽,对工作丧失积极性甚至产生厌恶感;去个性化指工作者在工作中,对工作内容和周围的人表现出冷漠的态度;成就感缺失指工作者缺乏自我效能感判断,失去自信,持续否定自我的价值。马斯拉齐和杰克逊(S. E. Jackson)1981 年结合这三个维度,开发了职业倦怠量表(Maslash Burnout Inventory,简称 MBI)[①]。量表包括三个部分,分别对应三个维度,包括情感枯竭 9 项、去个性化 5 项、成就感缺失 8 项,共计 22 道题,采用李克特 7 分计分法。最初,MBI 主要用于服务行业从业人员职业倦怠的测量,但随着它逐渐被应用于各类不同职业的研究而显示出一定的不足,马斯拉齐等人对其进行了修订,提出了适用于所有职业的 MBI-GS(general survey)量表,题项减少至 16 项,注重描述各职业的通用性。MBI 量表在之后又经许多研究者根据研究需要进行修改调整,至今已产生了许多不同的版本,在职业研究中被广泛应用。

与 JD-R、JDC、ERI、工作负担—应对资本模型不同的是,MBI 量表的设计目标和应用价值是直接对职业倦怠水平进行测量,因此不包含对工作要求即职业负担的测量;而前四者的开发目的是探讨职业压力、职业倦怠的影响因素和形成机制,因而偏向对职业负担和职业资本进行测量,对于职业压力、职业倦怠水平则进行较粗略的测量,甚至不测量。在教师职业压力和职业负担研究中,如能将这两类测量工具进行结合,或能对减负、减压路径的探索有新的启示,更准确地监控教师职业压力水平,促进教师职业的健康发展。

二、教师职业压力的专用研究工具

除上述几种工具以外,在国内外教师压力相关研究中,还有许多研究者自行

---

① Maslach C, Jackson S E. The Measurement of Experienced Burnout [J]. Journal of Occupational Behaviour,1981,2(2):99-113.

设计或将已有的研究工具进行改造，开发教师职业专用的研究工具；相较于普适性的职业压力研究工具，这些教师职业专用研究工具更有针对性，更关注教师职业的特质和教师工作的细节。

在 MBI 量表的基础上，马斯拉齐和杰克逊开发了 MBI-ES（educators survey），即职业倦怠量表教师版，作为探究教育工作者职业倦怠的研究工具。量表内容与 MBI 量表基本一致，但对题项表述进行了教育工作语境的转换。MBI-ES 量表在教师职业压力、职业倦怠研究中被广泛应用，各国学者将其翻译、改造成了适用于各自国家教师研究语境的母语版本。我国学者王国香等在对 MBI-ES 量表进行翻译的基础上，依据国情对部分条目进行改编，并增加条目以平衡三个维度的题目数量，还采用自我效能量表、自动思维问卷等其他工具进行验证，最终得出共计 30 题的中国版 MBI-ES 量表：教师职业倦怠量表（Educator Burnout Inventory，EBI）。①

"教师压力索引"（Index of Teaching Stress，ITS）②是另一种值得关注的教师职业压力研究工具。ITS 的开发者认为，过去的教师压力测量工具未能将师生关系尤其是与学生进行个体间互动带来的负担纳入考虑。由于与孩子进行教育互动的工作与家长的日常行为具有相似性，ITS 的设计主要参考了家长压力指数问卷（Parenting Stress Index，PSI）③；此外，其设计目的偏向于检测教师的压力源，因此移除了从心理学角度对压力水平进行测量的项目。量表包含 90 个项目，分为学生行为感受和教师互动自我效能感两大部分，采用李克特 5 分计分法。ITS 关注的学生行为特质有注意力不集中、情绪化、紧张、学习上的阻碍等方面，关注的教师压力感特质有自我怀疑、教学被打乱、职业满意度降低、对家长不满等。

---

① 王国香，刘长江，伍新春. 教师职业倦怠量表的修编[J]. 心理发展与教育，2003(3)：82—86.
② Greene R W，Abidin R R，Kmetz C. Index of Teaching Stress：A Measure of Student-Teacher Compatibility [J]. Journal of School Psychology，1997，35(3)：239–259.
③ Abidin R R. Parenting Stress Index：Test manual (3rd ed.)[M]. Odessa，FL：Psychological Assessment Resources，1995.

教师压力清单(Teacher Stress Inventory)①也是针对教师压力研究设计的专门研究工具,量表主要依据基利亚库(C. Kyriacou)和萨特克里夫(J. Sutcliffe)②相关研究中得出的教师职业各种压力源、结合教师职业环境中的各种因素制定,主要考察教师对不同压力源的感受,包括 20 个题项,采用李克特 5 分计分法。项目共涉及五个方面的压力源:工作负担、学生不良行为、职业认同感、课堂教学资源、同事关系。根据波尔勒(G. J. Boyle)等人的调查,对教师造成最大压力的是工作负担和学生不良行为;且五个方面的压力源相互之间也存在一定的影响关系。

除使用问卷量表进行量化研究外,也有教师压力研究采用访谈法对教师压力、压力源、教师负担进行考察。在地方职业健康机构的协助下,特罗曼(G. Troman)和伍兹(P. Woods)③采用半结构化的、开放式的、传记式的访谈法,对不同年龄段、经诊断有不同程度的焦虑、忧郁等压力相关症状的 20 名教师进行深度访谈;并且采用跟踪调查的模式,对受访者在 2 年内进行了至少 2 次、至多 5 次的访谈,以探究压力对教师职业生涯及相关决策的影响,这在教师负担和压力研究中较为少见。研究者对访谈结果进行质性分析,发现在人们的观念中,教师已不再是一项终身稳定的事业,由于社会变化、政策变化、激烈的竞争等种种原因,教师的工作内容和性质正在发生快速且大范围的变化,教师个人承受巨大压力、职业认同动摇、容易产生离职倾向或被淘汰。同时,社会也面临着教师资源大量流失的风险。

邵光华、顾泠沅采用"无约束短文"的方法让参与调查的教师畅所欲言,自主探索压力源,从中归纳出使教师感受到压力最大的项目,以生成教师压力来源问

---

① Boyle G J, Borg M G, Falzon J M, Baglioni A J J. A Structural Model of the Dimensions of Teacher Stress [J]. British Journal of Educational Psychology, 1995,65:49 - 67.

② Kyriacou C, Sutcliffe J. Teacher Stress: Prevalence, Sources and Symptoms [J]. British Journal of Educational Psychology, 1978,48:159 - 167.

③ Troman G, Woods P. Careers Under Stress: Teacher Adaptations at a Time of Intensive Reform [J]. Journal of Educational Change, 2004,1(3):253 - 275.

卷进行调查①。研究者抽取 18 名教师,以"教师职业是一种有压力感的职业吗?如果是,您认为您的压力来自哪些方面?"为题自由撰文,对结果进行文本分析,经过词频分析、同义词合并等步骤,选出 60 个描述教师压力来源的词句来构建问卷,对 250 名教师进行调查。调查得出了当前令我国青年教师感受压力最大的 16 个项目:教学成绩评比、住房、按班级成绩考评教师、学生升学、工资兑现、素质教育实际操作、教师素质提升、教学评价体系、各类排名考试、对学生成绩的担忧、工作时间紧、量化评比、下岗危机、地方政府和百姓对教育不够重视、成功的欲望、职称评定。从结果来看,这种新的问卷设计方法呈现了我国教师减负、减压工作真实的重点和难点。

胡国华等对国内现有的工作压力问卷进行改造,形成了针对高校教师的"高校教师工作压力量表"②,并结合心理资本问卷研究教师职业压力与心理资本的关系。问卷包括教学压力、科研压力、工作负荷、职业发展、晋升压力、组织功能压力、人际关系压力 7 个维度,共 23 项,采用李克特 5 分计分法。

三、教师职业负担的测量工具

在分析职业负担的质与量时我们已经发现,教师职业负担的构成极为复杂。如要对其进行准确、客观的度量,必须结合教师所需完成的各类工作任务、完成这些任务花费的时间长度及时间结构,也就是结合负担的"质"和时间要求,对负担的"量"进行计算——而这在技术上实现难度较高,使得教师职业负担的测量尚未有普遍认可的工具。现有研究对教师负担的度量基本基于时长进行。

李新翠编制的中小学教师工作量问卷③不仅考察教师工作时间,而且从班额、任教科目等方面分析教师的工作总量。问卷共 30 题,包括工作时间、工作任

---

① 邵光华,顾泠沅.关于我国青年教师压力情况的初步研究[J].教育研究,2002(9):20—24.
② 胡国华,朱勇军,刘春惠,谷玉冰.高校教师工作压力、心理资本和职业幸福感的构造关系[J].中国成人教育,2019(21):41—45.
③ 李新翠.中小学教师工作量的超负荷与有效调适[J].中国教育学刊,2016(2):56—60.

务、工作量认知、工作量满意度和基本信息五个方面。其中,工作时间同时考察不同工作任务所占时间比重;工作任务同时关注教学任务和非教学任务;并且结合教师任教班级数、人数、科目数等测量教师负担。调查发现教师负担包括显性工作和非显性工作,显性工作量的区别体现在任教班级数、人数、科目数,非显性工作量的区别则体现在完成显性工作所需的支撑性和辅助性工作,如参加培训学习、准备教学或其他材料等。调查结合教师的工作量认知、满意度等,分析了教师工作量影响教师健康和工作效能的限度,呈现了教师所希望的、能应对的工作量和工作内容,在教师减负路径上做了一定探索。

李新另辟蹊径,采用元分析的方法挖掘国家组织的大型教育调查中教师负担的相关数据进行分析[①]。研究使用 2014—2015 学年"中国教育追踪调查"(China Education Panel Survey, CEPS)的数据分析我国教师负担现状并探究其影响因素。CEPS 提供的数据包括教师单周的总工作时间、教学时间、备课时间、批改作业和试卷时间,任教班级数、人数、科目,以及教师的主观压力感;研究使用这些时间数据的同时,用总工作时间减去已列出的教学等工作时间,得出教师花费在行政和辅助工作上的时间。通过统计,研究发现当前我国教师工作时间超过法定时间、非教学工作量过多,另外结合调查中的其他数据,得出任课班级数显著影响教师负担、学校管理风格严格加重教师工作负担等结论。

纽胡克(J. T. Newhook)[②]开发了"任务记事"(Task-Diaries)的研究方法,对教师职业负担进行深入的质性考察和测量。该方法的原型为心理学研究中的经验取样法(Experience-Sampling Method,简称 ESM),最初用于研究心理健康水平、心理失衡现象,由被试结合生活活动进程进行自我报告来采集心理活动过程的数据;后在女性研究和家庭研究领域用于分析女性的工作/家庭时间分配、父母育儿负担的分担等议题。纽胡克自女性研究中吸收该方法并加以改造,结合任务记事和深度

---

① 李新.教师的工作负担及其影响因素研究——基于中国教育追踪调查(2014~2015 学年)数据的实证分析[J].上海教育科研,2019(3):5—9+78.

② Newhook J T. Task-Diaries: A Valuable Qualitative Tool for Occupational Health Research on Teacher Workloads [J]. International Journal of Qualitative Methods,2012:666-683.

访谈以探究教师负担问题；在该方法的理论框架下，她不仅关注教师的职业负担，同时也关注教师的家庭生活以及教师在工作负担与家庭负担之间的平衡。

任务记事，或者说任务日记，要求参加调查的志愿者完成以下指示：选择某一个工作日，在这一整天中，只要有机会，就尽量记录下自己所做的事、进行的活动，随自己的心意记录下活动的细节，并记录下大约的时间节点。所有的活动，而不仅仅是工作内容均需进行记录，包括教学任务、家务、娱乐、志愿工作、进餐、休息和睡眠。一整天的活动记录完毕后，志愿者需要对自己这一天相较于自己的典型工作日日程的繁忙程度进行评价；如果对这一天有任何感想或有需要进一步说明的内容，也可以记录在日记的最后。之后，研究者依据日记，对志愿者们进行了长达 1 至 3 小时访谈；同时收集志愿者们所任教的班级规模、学生构成、课表、答疑时间、学历背景等信息。为验证该方法的有效性，纽胡克招募了 24 名小学教师作为被试。她归纳了教师所作记录的四种类型：教学负担相关、家庭负担相关、健康和幸福感相关以及可能的解决方案。在教师对自己一天的描述中，研究者不仅发现了教师所承担的各种负担细节，更从教师自己的视角了解到了教师的感受和想法，如教师感觉自己做的某些工作不被人重视、不被赞赏，而这样的工作任务符合现有职业研究中"不可见的工作"这一特征。纽胡克总结了任务记事法在教师负担研究中三个方面的效用：对不同类型的工作负担进行测量；探究负担怎样随一天内时间推进、随教学周和学年而变化；如实记录并呈现了教师负担的多元任务本质。在实验中她发现任务记事法能发现其他许多问卷量表所无法探知的细节，如教师情绪劳动如何真实发生、各种工作打扰、细小任务负担积少成多的现象、家庭私人事务与教学任务如何相互交缠等；此外，任务记事也记录了教师自身如何适应工作负担、进行自我调整的策略。可见任务记事法不仅能全面地、区分"质"地对教师负担进行度量，同时也是对教师负担的来源、作用机制及应对策略进行研究的有效工具。但任务记事法也有非常明显的缺点：操作过程较为繁琐、费时费力，这导致一方面无法使用该方法进行大规模的测量调查；另一方面只能选取个别天数进行测量，这就意味着必须保障被测量的这一天具有典型性，但教师工作中存在着一些并非每天都有但却异常繁重的工作任务,如临近考试的任务、节日活动或学校活动、竞赛等,所谓典型的一天可能并不能囊括教师的全部负担类型。因此任务记事法更适用于学术研究以及通过抽样调查的方式进行的教师负担监控测评,不适用于大规模、持续性的调查与监控。

以上各类教师负担研究工具各有优势和缺憾。如前文所说,职业负担的度量必须兼顾负担的"质"和"量",综合工作内容要求和时间相关要求。现有的工作时长为教师负担度量依据的量化研究,尽管已经考虑了不同工作内容的时长占比,但对"质"的方面仍未能兼顾;而现有教师负担的质性研究虽侧重考察负担的"质",但尚未为不同质的工作内容制定可比较的量化标准,因而无法将所测得的"质"转化、计算为负担的"量";量化研究工具则少有对不同质的工作内容进行区分,因而无法将所测得的时间要求与负担的质进行综合度量,只能将两者作为相互独立的因素进行考察。如何为度量教师负担设计科学、精确、全面、可操作的工具,仍是一个有待深入研究的问题。

第三节　教师负担与教师角色异化

教师是立国之石、兴教之源、学识之师,承担着为党育才、为国育人、提高民族素质的使命担当与时代重任。本该潜心育人的中小学教师,却在近年来,越发面临工作负担异增、职业角色泛化、本职功能偏移与权责边界迷糊等现实困境,普遍出现工作盲目、心理茫然、身体忙碌等工作负担异化情况[①]。2019年1月,时任教育部部长陈宝生在全国教育工作会议上明确指出:"当前教师负担过重,需要全面清理和规范进学校的各类活动,不能随意给学校和教师搞摊派。"[②]同年

---

① 李跃雪,赵慧君. 中小学教师工作负担异化的生成逻辑与治理思路[J]. 教师教育研究,2020,32(3):67—72.
② 陈宝生. 落实　落实　再落实——在2019年全国教育工作会议上的讲话[J]. 中国高等教育,2019(Z1):4—12.

12月，中共中央办公厅、国务院办公厅印发《关于减轻中小学教师负担进一步营造教育教学良好环境的若干意见》（以下简称《意见》），进一步指出需要切实减轻中小学教师工作负担，并要求各省因地制宜出台减负清单并落实推进教师减负专项工作①。截至 2022 年 4 月，我国已有 31 个省份发布了中小学教师减负政策清单，其核心内容指向减轻教师非本职"事务性"工作。值得注意的是，本次教师减负政策的出台，正值中央大力推动基层减负、克服官僚形式主义、清减痕迹治理流弊的背景，这意味着，教师负担一方面与其实际承担的多重角色及冲突休戚相关，另一方面，也与其所"嵌入"的学校组织和制度情境关系密切。认识教师工作负担的属性和来源，不能仅仅就负担论负担，甚至也不能只在教育教学的视野下进行局部论证。深化对于教师负担的理解，有必要遵循政策文件及其脉络的导引，在教师非本职工作发生的制度情境下考察负担生成的逻辑理路。

基于此，本节以《意见》等减负政策映射出的教师角色异化为切入点，基于当前我国中小学教师减负政策的文本分析，探究教师工作负担与角色异化的深层联系，助力提升教师对工作负担的科学理性认识、减少"越减越负"悖论带来的负向反馈、探寻负担传导的根本机制及精细化治理之道，为切实减轻中小学教师工作负担提供科学依据，助力教师回归教书育人应然角色与专业自主地位。

一、教师工作负担的构成与表征

（一）客观与主观层面的教师工作负担

学界对教师工作负担的最早认识来自对教师压力与工作量的研究，国外从 20 世纪 70 年代开始关注教师压力问题②，此后，教师负担与压力成为许多发达国家教育部门的研究重点。广义的教师负担指教师应担当的责任、履行的任务

---

① 中共中央办公厅、国务院办公厅. 减轻中小学教师负担进一步营造教育教学良好环境的若干意见[EB/OL]. [2019 - 12 - 15]. http://www. moe. gov. cn/jyb_xxgk/moe_1777/moe_1778/201912/t20191215_412081. html.

② Chris K. Teacher Stress: Directions for future research [J]. Educational Review, 2001, 53 (1):27 - 35.

和承受的压力,主要包括生活负担、工作负担与心理负担三个方面[1];狭义的教师负担指教师在学校教育工作中承担的教育责任、教学工作及由此付出的代价等[2],可见,教师工作负担更多指狭义的教师负担,且可以从主观与客观层面进行刻画。

具体而言,作为刺激反应的结果,教师工作负担可以从工作职责与任务等外部物理来源,以及压力、情绪、幸福感等主观心理上描述刻画。从客观上讲,英国教师减负政策将教师工作负担量化为工作总时长、教学时间、非正式工作时间、感知到的工作负担四个指标[3]。类似地,有学者认为中小学教师超负荷工作集中体现在工作时间过长和非教学任务过重两方面[4]。英国教师工作负担调查项目显示学校教学设施配备充足的教师负担较轻[5],但有限的教学资源和过多的非教学任务会导致教师工作超负荷[6],且班级规模过大、薪酬条件低、晋升程序复杂等因素同样会导致教师工作负担过重[7]。聚焦国内,工作时间长、非教学任务过多、学生学习态度不佳、工作结构与分配不合理等会严重损害教学质量并导致教师普遍超负荷运转[8][9],且学生管理、家校沟通、行政工作、教育科研等事务会显著

---

① 柳士斌,胡振京.论"减负"背景下教师负担的减轻及其素质的提高[J].继续教育研究,2002(1):64.
② 王毓珣,王颖.关于中小学教师减负的理性思索[J].湖南师范大学教育科学学报,2013,12(4):56—62.
③ 黄志军,刘冰欣,黄春花.英国新一轮中小学教师减负政策探析[J].外国教育研究,2020,47(8):70—87.
④ 王建梁,韩书亚.教师减负的路径探索——日本中小学教师减负述评[J].教师教育学报,2019,6(3):83—90.
⑤ Department for Education (UK). Teachers' workload diary survey 2013 [EB/OL]. [2014 - 2]. https://dera. ioe. ac. uk/19410/.
⑥ Payne M A, Fumham A. Dimensions of occupational stress in west indian secondary school teachers [J]. British Journal of Educational Psychology, 1987(57):141 - 150.
⑦ Kyriacou C. Teacher stress: directions for future research [J]. Educational Review, 2001,53(1):27 - 35.
⑧ 周兆海.乡村教师非教学性工作负担问题及其对策[J].教育科学研究,2021(7):88—92.
⑨ 李新翠.中小学教师工作量的超负荷与有效调适[J].中国教育学刊,2016(2):56—60.

增加教师的工作时间及负担[①②]。可见,工作时间过长与非教学任务等是教师工作负担的主要客观来源。从主观上讲,教师工作负担过重表现为心理层面的主观感受与压力感知,具体而言,教学工作的重复性易导致教师机械做事的倦怠心态,各种教育改革所带来的压力易使教师感到困惑重重与无所适从,日趋激烈的职业竞争易使教师感到职业危机和对学校缺乏信任[③],最终导致教师产生较大的心理压力与工作倦怠,职业幸福感和满意度会逐渐降低。而教师的职业倦怠感和工作环境满意度又会在不同程度上影响教师工作负担[④]。综上,从客观负担源和主观负担源的主客观综合角度出发,笔者认为中小学教师工作负担指其为完成教育教学活动需要承担的客观工作量和主观感受到的心理负担。

(二) 时间与空间层面的教师工作负担

作为情境负载的变量,教师工作负担通常以教师工作时间度量,且不同社会文化下教师工作时长的分配各不相同。TALIS 2018 调查结果显示,全球平均48.7%的教师正承受着较大的工作压力,时间紧迫感是教师压力的主要来源[⑤]。教师工作负担的本质是教师的时间分配,包括质与量两方面规定性,教师在各项工作时间分配的内容及结构决定了工作负担质性特征,在各项工作上的时间分配量决定了工作负担数量特征[⑥]。具体而言,教师工作时间包括学科教学时间、

① 王洁,张民选. TALIS 教师专业发展评价框架的实践与思考——基于 TALIS 2013 上海调查结果分析[J]. 全球教育展望,2016,45(6):86—98.

② 张小菊,管明悦. 如何实现小学教师工作量的减负增效——基于某小学教师 40 天工作时间的实地调查[J]. 全球教育展望,2019,48(6):97—109.

③ 张家军,陈苗. 中小学教师减负的系统分析与行动路径[J]. 南京社会科学,2022(4):143—152.

④ 李新. 教师的工作负担及其影响因素研究——基于中国教育追踪调查(2014~2015 学年)数据的实证分析[J]. 上海教育科研,2019(3):5—9+78.

⑤ OECD. TALIS 2018 Results (Volume II): Teachers and School Leaders as Valued Professionals [EB/OL]. [2020-3-23]. http://www.oecd.org/education/talis-2018-results-volume-ii-19cf08df-en.htm.

⑥ 王洁,宁波. 国际视域下上海教师工作时间与工作负担:基于 TALIS 数据的实证研究[J]. 教师教育研究,2018,30(6):81—88.

学生管理时间、学校事务时间和专业发展时间等方面[1]，还包括诸多隐性工作时间，如下班后反思教育教学活动、与领导及家长电话沟通等。有研究发现当前我国教师工作负担过重，每周工作时间高达 45.3 小时，超过 OECD(38.8 小时)、欧盟(37.5 小时)及 TALIS 2018(38.3 小时)的平均值，也超过《中华人民共和国劳动法》每周工作 40 小时的规定，但从具体工作结构来看，我国教师每周实际教学时间(13.8 小时)及总体占比却远低于"超时长、重教担"的北美国家和"短时长、均教担"的北欧国家，导致教师工作负担呈现出"超时长、轻教担"的"亚太模式"[2]。这导致我国教师工作时间过长却无法创造相应绩效，可见，非教学工作是导致教师工作负担过重的主要因素。此外，当前我国乡村教师平均每天工作 8.91 小时，工作负担呈现出总量多、时间长、范围广、结构不合理、任务整合低、非教学任务重等诸多特征[3]。"控辍保学""学生安全"和"农村扶贫"等甚至成为乡村教师紧急且重要的行政工作，教育教学主业只能退居其次[4]，虽然很多政策明显改变了农村学生受教育状况，却最终导致教师工作负担过重与角色异化。

(三) 结构与功能层面的教师工作负担

作为制度诱致的产物，教师工作负担还会受到学校组织和社会制度环境的影响。在教育教学工作中，教师参照学校对其行为规范的要求持续发挥多重功能，如在课程与教学中承担着设计开发、建构实施、指导评价等功能，在师生关系中扮演着学生学习激励者、学生心理健康维护者和师生交往倾听者等角色，在教育管理中肩负着班级活动管理和人际关系协调的职责等[5]。教师工作的广泛与

---

① 刘乔卉,裴淼. 中小学教师的时间困境——基于 T 市中学教师的混合研究[J]. 教育学术月刊,2021(6);76—82.

② 张倩. 从资源配置到制度安排——国际比较视域下的教师减负[J]. 教育研究,2022,43(2):29—43.

③ 朱秀红,刘善槐. 我国乡村教师工作负担的问题表征、不利影响与调适策略——基于全国 18 省 35 县的调查研究[J]. 中国教育学刊,2020(1);88—94.

④ 朱许强,郝福生. 结构化理论视角下乡村教师发展的困境及其超越[J]. 当代教育与文化,2020,12(6);61—66+74.

⑤ 张丹."双肩挑"教师角色压力的质性研究[D]. 重庆:西南大学,2021.9—10.

繁杂等特点体现出组织期望的模糊和过量，易使教师感到额外负担和压力。另外，受社会发展及特定制度环境的影响，教师实际承担着诸多本职外的工作，各项考核评比、各类文体活动、各种报表填写、各类专项检查及各种来自地方行政部门的摊派工作，使得教师眼花缭乱、应接不暇[1]。不少学者指出，近年来教师被要求履行由行政部门所下发任务的趋势愈发严重[2]，这在一定程度上是由于上层管理者占用教师时间所导致的。学者尤尔根·哈贝马斯很早就指出，当代绝大多数教师对行政事务介入教学深恶痛绝，因为额外负担不但增加了工作难度，也对教师的"生活世界"造成严重侵犯[3]。

通过从主观与客观、时间与空间、结构与功能等层面对教师工作负担的构成和表征进行回溯，发现已有研究针对第三视角，即在特定组织和制度环境下对教师工作负担及传导机制的学理关切不够深入。可见，基于第三视角，立足教师角色理论，聚焦教师角色冲突和异化来考察教师工作负担的生成、影响及治理等，是现有研究亟待深入的要点。基于此，本节从教师角色冲突角度分析中小学教师减负政策现状，将教师工作负担与减负政策映射出的教师异化角色紧密联系，对教师工作负担传导机制及成因的分析具有重要意义。

二、制度化教育及教师的角色冲突

(一) 教师角色冲突与异化

"角色"是考察个人与社会互动关系的概念，起源于戏剧，乔治·米德将其引入社会学并指出"角色是与某一特殊位置有关联的行为模式"[4]，此后科尔伯格把"角色"运用到教育领域。教师在其岗位上承担着多种角色，从理论流派来讲，早

---

① 周兆海,韩双双.乡村教师的角色冲突及其应对[J].当代教育科学,2021(4):82—87.

② Easthope C, Easthope G. Intensification, extension and complexity of teachers' workload [J]. British Journal of Sociology of Education, 2000,21(1):43-58.

③ Habermas J. The theory of communicative action: Volume 2: Lifeword and system: A critique of functionalist reason [M]. Beacon press, 1985:117.

④ [美]乔治·H·米德.心灵、自我与社会[M].赵月瑟,译.上海:上海译文出版社,1997:129.

期教师角色定位是"知识本体""知识传授者"。20世纪中期受人本主义教育理论影响,人们认为教师角色是学习促进者和学习动机激发者。20世纪70年代以皮亚杰为代表的建构主义流派认为教师是学生学习的建构者和引导者,同时也是主体知识的积极学习者①。后受杜威实用主义教师观影响,艾德勒等提出,教师既是"学习者"又是"反思型教学实践者"②。从微观划分标准出发,教师本职角色可分为教育者、学习者、研究者、实践者、指导者、激励者、守护者和课程开发者③;从教育改革角度,教师角色可分为"专业性"知识人、"公共性"社会良知者、"批判性"洞察者和"转化性"行动者④。综合来看,教师的教育性角色可以概括为"教育教学者""管理者"和"改革者"三类。实际上,这些角色都是基于社会对教师在教育教学中的要求和期待产生的。但随着社会多维发展与特定环境影响,教师实际上还承担着上述三类角色外的其他角色,例如把控学校教育仪式的"市场调解员"⑤、考核评比监督中的"行政人"⑥、新文化场域中的守护者与推广者⑦、人工智能场域中的情感补位者与人力保障者⑧。概言之,当前教师承担了超乎想象的多元角色,角色多元带来的是角色冲突,即教师在处理多元复杂的角色关系时难免会出现顾此失彼、期望不一、无法自我调控等现象,导致其内心矛盾、焦虑和不安,产生角色的矛盾、对立和抵触⑨。可以将角色冲突中与教师教育性角色规范脱节的产物称为"异化的教师角色"或"教师角色异化"。

① 张雅军. 建构主义指导下的自主学习理论与实践[M]. 武汉:华中师范大学出版社,2012:15—28.
② Adler S A. The reflective practitioner and the curriculum of teacher education [J]. Journal of Education for Teaching, 1991,17(2),139 - 150.
③ 李芒,李岩. 教师教育者五大角色探析[J]. 教师教育研究,2016,28(4):14—19.
④ 王金娜. 超越忠实执行与盲目抵制——教育改革中教师作为转化性知识分子的角色担当[J]. 中国教育学刊,2016(1):78—83.
⑤ 康翠萍,王之. 论教育仪式中的教师角色及其功能定位[J]. 教师教育教究,2021,33(4):26—31.
⑥ 周兆海,韩双双. 乡村教师的角色冲突及其应对[J]. 当代教育科学,2021(4):82—87.
⑦ 柳翔浩. 数字时代教师的角色焦虑及其消解路向[J]. 教育研究,2017,38(12):112—118.
⑧ 赵磊磊,马玉菲,代蕊华. 教育人工智能场域下教师角色与行动取向[J]. 中国远程教育,2021(7):58—66.
⑨ 郑杭生. 社会学概论新修(第二版)[M]. 北京:中国人民大学出版社,2015:112,114.

(二)多重制度逻辑交织下的教师角色异化

《中华人民共和国教师法》明确规定教师是执行学校教学计划和履行教育教学职责的专业人员,其重要使命是培养社会主义事业建设者和接班人。可见,"教育者"是教师的本职角色,"教书"与"育人"是教师本职角色的重要表征。但在社会期待和组织要求的规范与制约下,一方面,由教书育人之使命衍生出的功能过载的教师角色,呈现出复杂性、多样性、创造性、主体性、示范性、长期性和间接性等特征,容易引发教师对自身职业角色定位的焦虑;另一方面,从我国教师减负政策清单可以发现,当前中小学教师肩负的监督检查评比考核、社会性事务、报表填写工作、被抽调借用等四类事项,映射出中小学教师角色冲突与异化、功能过载与重叠、职责泛化与模糊。两方面相较而言,角色规范的不合理是导致中小学教师角色异化与负担过重的根本原因。

值得注意的是,现代教育的缘起、发展与变革,是在政府、市场和专业三重制度力量的形塑下进行的。首先,政府主导是世界范围内现代教育体系的典型特征,特别是在义务教育学段,学校作为公共部门接受政府的管理,形成自上而下的层级管理体系,行政逻辑也成为影响学校教师的制度力量。其次,学校教育还要回应并满足人们通过教育实现向上社会流动的"消费者"诉求,特别是在市场化、私营化教育改革的冲击下,学校教育包括教师工作难免受到市场和消费主义逻辑的影响。最后,追求教育教学和组织管理的效率和质量,构成现代教育不断走向专业化的驱动力,专业主义由此成为学校管理者和教师行动的内在根据,专业自主成为教师职业专业化发展的重要指向。从以上三重逻辑可以发现,中小学教师身处多重制度逻辑交织而成的场域中,角色冲突难以避免。特别是我国,中小学校的组织和管理紧密镶嵌在"行政国家"的体系内,既隶属纵向的教育职能体系,又归属横向地方政府管理,政学关系的密切对于教师工作的角色设定和期待有莫大影响。因此,学校管理体制可能诱发两种教师的角色异化,即纵向的行政末梢承压者和横向的社会事务分担者。

基于教师角色相关理论和《中华人民共和国教师法》,以《意见》和我国 31 个省份教师减负清单映射出的教师角色为指导,通过"减负"清单大致可以总结凝练出当前中小学教师异化的角色有如下两种类型。第一,立足专业人士发展和教师跨界工作的角度,从"规范安排扶贫、评优、宣传与社区服务事务,杜绝强制摊派与教学无关的事务或参加无关培训活动等"清单内容出发,反映出当前中小学教师被抽调借用和参加培训的情况频繁,还需要参与扫黑除恶、防盗减灾、消防安全、交通安全、垃圾分类、精准扶贫、社区服务、宣传活动、城市评优等与教育教学无关的社会性事务。中小学教师在承担此类工作负担的过程中,其角色异化为"社会事务分担者",典型特征是需要完成各种与教育教学本职事务无关的社会性事务及被抽调外派。第二,立足教育行政体制角度,"统筹清理督查检查评比考核事项、规范精简各类报表填写与统计调研工作等"清单内容反映出中小学教师作为与学生直接互动的基层公职人员,其角色特征与"街头官僚"类似,被要求完成各种报表填写与统计调研等事项。此外,教师在被约束规训的教育体制下,常会被卷入"警惕和多方位凝视的密集网络"中①,在这种多方汇集、自上而下的任务分配与压力传导机制下,教师需要竭力完成各项任务并努力自我调适平衡。因此,中小学教师作为教育行政管理体系的基层末端,需要完成各类来自上级教育行政部门和学校的摊派任务,在此过程其角色异化为"行政末梢承压者",典型特征是在政府部门和学校的要求下完成督查、检查、评比、考核、统计调研、报表填写等事项,且具有较低的自由裁量权与任务执行自由度。据此,由我国中小学教师"减负"政策清单折射出的两种异化的教师角色,分别是横向的"社会事务分担者"和纵向的"行政末梢承压者"。

三、教师角色的异化与负担的生成

使用《意见》及 31 个省份(港澳台除外)的 35 份中小学教师减负政策文本作

---

① Ball S J, Maguire M, & Braun A. How schools do policy: Policy enactments in secondary schools [M]. Taylor & Francis Group. 2012:72 - 73.

为样本资料(天津市、安徽省、江苏省各 2 份),并对《意见》和各省政策样本的名称、发文时间、发文单位进行分类标注形成 32 个文档,通过高频词和文本分析描述中小学教师工作负担与角色异化的实然情况及各省差异。

运用 NVivo12plus 对政策样本进行关键词频分析,遵循代表性、独立性、全面性和假设性的选取原则,对部分相近或无实意的字词进行筛除重组,旨在高度概括和充分反映政策清单的核心内容,最终依照关键词频数从大到小依次排序,得到高频词总计 13 个(见表 1-2)。结果显示,第一,"教师"和"中小学"词频总量最高,说明"清单式减负"政策将中小学教师视为重要减负主体与关注对象,反映出当前中小学教师工作的综合性、长期性、复杂性导致其工作负担过重。此外,"教育""教学"出现频次也较高,表明中小学教师的应然角色是教育教学专业人士,减负重点是减去与"教育教学"无关的"非本职事务"。第二,各种"工作"与"活动"是教师工作负担的主要来源。高频词"工作"与教育统计(29 个文件中出现,总计 31 次)、专项工作(26 个文件中出现,总计 28 次)、报表填写(21 个文件中出现,总计 35 次)、工作评价(21 个文件中出现,总计 21 次)高度关联。高频词"活动"与教育宣传(28 个文件中出现,总计 31 次)以及调研(24 个文件中出现,总计 26 次)高度关联。表明当前中小学教师承担了诸多非本职行政工作与社会活动,大量教育系统行政工作的下沉和社会活动的横向挤入影响到教师本职工作开展后,就极可能异化为工作负担。第三,教师减负政策实施需要政府的强制效力,党委和学校承担主体责任。通过自动编码识别政策样本情感,编码参考点结果显示负向情感 401 处,高于正向情感 330 处,表明政策整体上以建议和要求为主,但详细清单却明令禁止居多,"不得开展""不得安排"等高频词搭配进一步表明教师减负需要强有力的外部政策效力。此外,高频词"党委"与"审批备案"(21 个文件中出现,总计 41 次)、"教育工作"(16 个文件中出现,总计 23 次)高度关联,高频词"学校"与"中小学校"(18 个文件中出现,总计 52 次)以及"办学自主权"(11 个文件中出现,总计 11 次)高度关联,表明党委和学校作为政策落实主体应加强统筹协调、宣传引导和督促落实,减少对中小学教师的任务摊派和行政干预。

表1-2 政策文本高频词

高频词	频数	加权百分比(%)	高频词	频数	加权百分比(%)
教师	1 508	4.07	活动	421	1.14
教育	1 270	3.43	安排	394	1.06
工作	760	2.05	开展	390	1.05
中小学	688	1.86	考核	356	0.96
部门	628	1.70	党委	337	0.91
不得	623	1.68	学校	325	0.88
教学	486	1.31			

　　本研究对我国31个省份教师减负政策清单映射出的中小学教师角色异化类型进行统计(见图1-2)。整体来看,各省份指向"社会事务分担者"教师角色的减负清单较多,共313条,表明针对统筹规范社会事务进校园和抽调借用等教师工作负担的条目较多,大多省份在9条及以上。贵州、北京、天津、甘肃、河北五省市对规范与教学无关的社会性事务做出了更加详细的规定,社会事务对教师工作的横向挤入集中表现在社区事务、扶贫任务、专项任务、城市评优、教育宣传等方面。各省份中指向"行政末梢承压者"教师角色的减负清单共247条,表明针对清理精简教师行政工作负担的条目相对较少,大多省份在9条及以下,重庆、辽宁、广西、宁夏四省区市的相关政策条目更少。具体而言,教育系统行政事务的下沉集中表现在教师参与督查、检查、评比、考核、报表填写、统计调研等工作。横向对比来看,21个省份的"社会事务分担者"相关联清单数多于"行政末梢承压者",表明当前我国教师工作负担过重的主要来源是社会性事务的横向挤入,且减负政策对于规范行政事务下沉相对不足。纵向比较来看,各省发布的教师减负清单总体遵循《意见》的相关内容,大都涵盖督查检查评比考核事项、社会性事务、报表填写工作、被抽调借用四方面的教师工作负担,但各省根据实际情况对减负清单进行了补充调整,具体条目大多针对教育行政部门及学校这两个政策实施的核心责任主体。

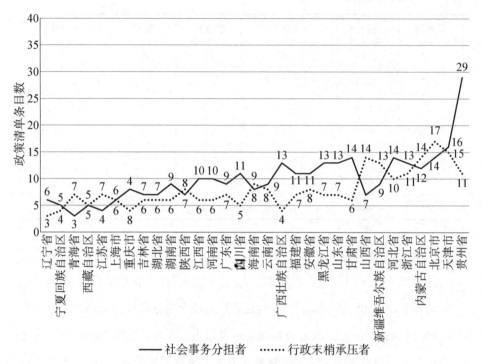

图1-2　各省(区市)中小学教师角色异化统计图

　　综合来看,社会事务和行政工作过重导致教师实然角色与应然角色间存在多重冲突。从"清单式"的教师减负政策来看,教师负担过重主要源于外部非本职事务,行政化教育管理体系中逐层向下摊派任务的方式和社会性事务的大量挤入,导致基层教师实际角色异化为"社会事务分担者"和"行政末梢承压者"。教师理想角色与实际角色间可能产生内部矛盾,加之教师角色本就具有广泛性、复杂性、多样性的特点,多重异化角色交叉重叠反过来会冲淡教师作为教育教学专业人士的本职角色。可见,在权责边界无限扩大、工作范围快速延伸、职业功能无限延展、职业边界愈加模糊、内外负担加速冲突的进程中,中小学教师角色正面临多重异化的风险与挑战,导致教师角色在"专业人士"和"非专业人士"间游离,甚至逐渐脱离"教书育人"的专业自主地位。

四、教师角色异化和负担加重的归因分析

(一)教师对行政体系的依附导致其处于专业弱势地位

首先,基层教师面对上层工作摊派处于弱势地位。教师作为专业人员需承担教育教学专业职责,作为职业人员需承担尽职尽责的职业责任,作为公职人员需要承担国家民族教育的社会职责①,但在"自上而下"的教育行政体系中,中小学教师作为最基层的"社会事务分担者"与"行政末梢承压者",承担着诸多本职角色外的社会事务与行政工作。且在当前教育管理制度下,中小学校是教育行政部门的下属机构,中小学教师作为教育行政体系的弱者,在面对上层任务摊派的时候可以发展"弱者的武器",实施日常博弈,其核心目的是"减少或拒绝上层索要"②。但在现实中,教师往往采用"安全第一"原则进行非直接博弈,随着工作摊派的加重,依然会导致其职责泛化、角色异化、功能过载与负担过重。同时,上层组织会采用非正式评价的方式对教师任务完成情况进行管理、控制和约束,这会给教师带来压力与心理负担。可见,教育行政部门和学校在与教师的博弈中占据有利地位,行政干预过强也导致教师专业在制度上的地位缺乏自主性。

其次,基层教师在上层强制转变其角色的过程中处于弱势地位。从政府和学校的管理角度来讲,政府正试图将教师的制度角色从"学校人"调整为"系统人"③,学校正在将教师的制度角色从"专业人"转变为"学校人"。同时,在学校场域中,表层上教师是可以规训学生的规训者,但深层上教师是职业化的被规训者,处于"戴着镣铐与枷锁跳舞"的困境中④。因此,教师在与上层权利博弈中无

---

① 龙宝新,杨静,蔡婉怡.中小学教师负担的生成逻辑及其纾解之道——基于对全国 27 个省份中小学教师减负清单的分析[J].当代教育科学,2021(5):62—71.
② 汪明帅,赵婵.教师的"日常抗拒"及其应对[J].华东师范大学学报(教育科学版),2019,37(6):123—130.
③ 叶菊艳.从"学校人"到"专业人":教师流动与教育变革实现的源动力[J].全球教育展望,2014,43(2):82—94.
④ 于宗助,朱成科.规训者与被规训者——规训场域中教师角色的再审视[J].教育理论与实践,2017,37(22):34—37.

法持续构建专业自主性,导致其职业角色在"专业人""系统人"和"学校人"之间游离,逐渐脱离"教书育人"本位。因此,如何确保教师的专业自主地位,激励引导其产生"专业人"认同,是当前教师减负的必由之路。

(二) 社会转型与教育变革加剧教师角色多样化及冲突

首先,外部多元期待致使教师角色愈加模糊。当前外部各方对中小学教师的角色期待越来越多元化、复杂化、重叠化与矛盾化,"双减"政策、家校社协同育人政策等也会从主客观角度给教师负担加码,并对其角色与功能转变提出新要求,最终导致教师实然角色与应然角色间的模糊与冲突。从外部社会对教师功能的期待来讲,社会性事务是教师与外部社会沟通的有效桥梁,但在此过程中,教师功能却呈现出宽泛化、游离化、偏离主职化等特征,社会对教师的过高期望也加重了教师的心理负担。从学校内部对教师功能的期待来讲,中小学教师需要完成各种督查、考核、调研、培训等事项,这种工具主义导向的教师专业功能发展消解了教师文化身份和本体价值,导致其专业角色从主体性异化为客体性。且随着信息时代教学方式、任务、技术等的日益复杂化,将造成教师负担短期减轻、长期增加的必然趋势[①],教师工作负担将更加繁杂,加之基层教师个体心理韧性不足、组织支持与人文关怀缺失会让负担产生叠加效果[②],最终让其陷入"小减大增"和角色冲突的消极循环中。

其次,"再专业化"陷阱导致教师角色复杂重叠。当前中小学教师实然"去专业化"与超然"新专业性"特征明显,教师在此过程中由可以自主决策的专业人士变成只需要按指令行事的技师[③]。虽然我国出台了多项减负政策助力教师回归"再专业化"的自主角色,但政策导向下的教师负担反而更重,原因在于减负政策

---

① 赵健.技术时代的教师负担:理解教育数字化转型的一个新视角[J].教育研究,2021,42(11):151—159.
② 赵焱鑫.基层负担的叠加式演化逻辑与长效减负机制探索[J].领导科学,2021(22):55—57.
③ Jeffrey B, Woods P. Feeling deprofessionalised:The social construction of emotions during an OFSTED inspection [J]. Cambridge Journal of Education,1996(3):325 - 343.

虽然在价值选择、合法性、有效性等方面能保障教师外在权益①,但对教师本体负担与专业自主发展问题缺乏必要回应。负担过重势必导致教师实然角色与应然角色分离,教师在诸多角色冲突中承担着高负荷的工作压力、专业压力、时间压力和精神压力②,容易降低工作满意度与解决角色冲突的自我效能感,引起职业倦怠和离职意向,最终严重影响教师身心健康和教育教学质量。因此在确定教师功能范围与主体权责的基础上,如何帮助其走出"再专业化"与"新专业性"困境,并在教育变革中持续建构职业身份与角色认同,回到重振师道尊严与专业自主的道路上,是教师减负增能提质的关键突破口。

最后,教师身心负担过重加速角色异化进程。各省教师减负政策中映射教师两类异化角色的清单数各不相同,但都从不同外部层面刻画出了当前中小学教师的实然形象,其显著特征是"忙碌""茫然"与"盲目",表现出工作负担过重、工作任务过杂、工作时间过长等诸多特征。教师在完成不同事务中功能过载、负担过重情况严峻,无法集中时间精力完成教书育人的主业。同时,外部负担过重严重损害教师身心健康,导致教师教学效能降低、教学信念动摇、教育焦虑加剧、职业倦怠加深等情况出现。可见,教师负担过重与功能过载给其带来巨大的心理压力,让其只满足规章制度内的工作要求,并以非平等交流的非理性权威角色进行教育教学③,最终导致教师角色与专业身份过度混乱。

(三) 条线系统压力下沉与行政块面多层加码诱发教师负担加重

第一,条线下沉的行政压力传导机制导致教师负担重叠放大。一方面,从教育业务的条线系统来看,上层行政绩效表现压力的纵向传导会进一步诱发教师专业工作的挤兑和负担加重。教育行政部门和学校对基层教师的工作提出的多

---

① 李祥,周芳,蔡孝露.中小学教师减负政策的价值分析:权利保障的视角[J].现代教育管理,2021(7):62—69.
② 靳娟娟,俞国良.教师心理健康问题与调适:角色理论视角的考量[J].教师教育研究,2021,33(6):45—51.
③ 贺慧星,邓志伟.弗洛姆对教育异化的伦理批判[J].湖南师范大学社会科学学报,2017(2):57—63.

元化要求,会通过层级传导和条线下沉的方式向基层教师不断传导"绩效表现"的压力,这些工作压力、行政任务、社会事务经过层层传递,最终都在教师这一行政官僚体系的末端交汇,"压力型体制"和"政治承包制度"在基层末端一线更加明显①,造成基层教师的压力叠加和负担放大。同时,这种异化的压力传导机制会致使教师权责模糊并不断延伸,造成其需要承担诸多非本职的行政工作与社会事务,其实然角色异化为"社会事务分担者"和"行政末梢承压者"。另一方面,当前教师"清单式减负"特征明显,教师负担过重成为基层教育领域中"官僚主义"的突出表现问题②,科层传导和条线下沉的异化机制导致减负的"痕迹主义""形式主义"逐渐显现,并造成更多隐性障碍③,让层级制末端的中小学校在"有限权力"与"无限责任"的内在张力中,通过"痕迹"来规避成本和证明减负政策执行全过程④。可见,如何弱化对减负政策"痕"的关注并加强"绩"的提升,是对基层教师负担进行精细化治理的关键。同时,智能时代信息技术的迅速发展导致教师评价考核宽泛化、材料报表填写重复化、工作精准"留痕"化,让技术为基层教师"减负赋能"演变为"技术负能",甚至出现"智能官僚主义"倾向⑤,最终造成"越减越负"的实然困境。

第二,行政层面对教师的统筹配置导致其工作负担多层加码。一方面,从行政层面来看,地方政府与基层部门在各项地方事务的轻重缓急排序中,将中小学校及教师纳入统筹配置的对象范畴,且基层末端和落后地区的情况愈加明显。教师常被视为"准公务员",导致地方性的要事、急事在行政层面上很容易进入隶属地方管理的学校组织内,成为教师的"分内之事"。由于在法律地位上没有体

① 周黎安.行政发包制[J].社会,2014,34(6):1—38.
② 李祥,周芳,蔡孝露.中小学教师减负政策的价值分析:权利保障的视角[J].现代教育管理,2021(7):62—69.
③ 文宏,任子毅.基层负担难题从何得解——基于条线下沉视域下的解释[J].治理现代化研究,2022,38(2):69—77.
④ 张喜红.论痕迹主义的治理之道[J].社会科学战线,2021(6):217—223.
⑤ 胡卫卫,陈建平,赵晓峰.技术赋能何以变成技术负能?——"智能官僚主义"的生成及消解[J].电子政务,2021(4):58—67.

现教师职业的特殊性和差异性[①],教师角色在"公务员""准公务员"和"专业人士"间随具体功能而游离,导致教师在完成行政事务的过程中即便权益被损害也无法找到法律依据。和西方发达国家类似,我国诸多地方行政事务侵扰学校与中小学教师负担过重密切相关,教师需要浪费大量时间与精力去完成上级行政部门无休止的任务摊派[②]。另一方面,政府与教育部门的行政发包、政治锦标赛、精细化痕迹管理等改革会间接导致基层教师的工作时间被挤占、额外负担加重,且在教育行政权威的震慑与强制牵制的博弈制度下,教师还会被迫投入学校竞争的泥潭中[③],并在此过程中担任各种行政角色。此外,教育行政部门混淆教师与学校的本职,过度干预学校办学自主权,造成学校内部权利无法有效下放给教师[④],各种任务摊派的越位与错位都给基层教师身心带来巨大负担,最终导致其角色严重异化。可见,中小学教师的负担过重与角色异化背后还涉及教师专业自主地位、学校办学自主权等深层问题,对于地方行政而言,"优先发展教育"理念绝不是遵循"教育事事优先"的次序,妥善协调和深刻认识"条""块"交叠的行政制度是有效推进基层教师负担治理的重要基础。

五、教师减负提质与回归专业自主之道

本研究在明确我国中小学教师工作负担内涵的基础上,采用文献研究、专家咨询、词频分析、内容分析等方法对我国中小学教师减负政策进行了系统分析,并基于教师角色相关理论和政策样本总结凝练出两种教师异化角色,主要结论

---

① 余雅风,王祈然.教师的法律地位研究[J].华东师范大学学报(教育科学版),2021,39(1):49—58.
② 钟景迅,刘泱.教师减负的悖论:去专业化的困境与再专业化的陷阱[J].清华大学教育研究,2021,42(6):80—90.
③ 闫兵,孙丽娟."实践逻辑"视阈下教师"平庸之恶"的生成机制探究[J].教育学术月刊,2021(12):60—65.
④ 范勇,范国睿.教师参与学校治理能提升学生学业表现吗——基于 PISA 数据的实证研究[J].现代教育管理,2022(2):10.

包括三个方面:第一,各种非本职社会事务和行政工作是导致中小学教师工作负担过重的根源;第二,我国教师"减负"政策映射出中小学教师角色冲突、功能过载与权责模糊,教师角色异化为"社会事务分担者"和"行政末梢承压者"两种类型;第三,教师工作对行政体系的严重依附、社会转型与教育变革的多重挑战、条线系统压力下沉与行政块面多层加码,是中小学教师角色异化与负担加重的三重原因。基于以上结论,为切实减轻中小学教师工作负担,助力其回归教书育人的本职角色与专业自主地位,本研究提出了深入优化减负系统、兼顾清单治标与结构治本的对策建议。

(一) 搭建教师负担动态监测系统,形成三维一体长效减负机制

首先,为畅通教师负担与工作意见反馈渠道,各级教育行政部门与中小学校需要定期了解当前中小学教师的工作状态,全面深入分析教师负担过重的现实表征并提出有效解决方案,通过综合施测与精准支持的方式帮助教师减轻工作负担。同时,搭建中小学教师负担的动态监测系统与服务智慧平台,统筹减负与精准减负相结合,针对不同学段、学科、教龄的教师采取科学合理的减负措施。其次,政府部门发挥统筹整合各方力量共同落实减负政策的主体作用,采取多手段结合、多渠道保障和多部门协同的方式减少教师社会事务与行政工作,定期总结教师减负进展、措施及经验,形成互学互鉴、多方协同的减负合力。最后,通过多元方式打造教师工作评价体系,充分保障教师在教育教学工作、学校相关事务中的参与权与自主性,针对减负清单具体要求逐一落实反馈完成情况。此外,教师自身需要科学认识工作负担本质,合理安排完成相关事务的时间与精力,努力提升专业化水平与教学素质进行"自减",教师之间可以通过相互学习交流、落实减负清单主题活动等方式形成"互减"模式,教育行政部门和学校需要因地制宜探索家校协同育人机制及具体措施,合理调适不同层级、部门的分工与合作,形成整体协同的"共减"体系,最终搭建"自减—互减—共减"三维一体的教师减负机制。

(二）倡导教师角色"再专业化"，重塑教书育人应然形象

首先，倡导教师回归本体职责与专业角色，通过分类别、分阶段、分岗位的方式开展教培工作，提升教师专业教学水平，保证教师从事教育教学工作的本体地位与角色自主，帮助其回归教书育人本位。其次，各省份应以《意见》中强调的减负内容为重要参考，由政府部门与学校牵头精简监督考核等行政工作和街道服务等社会事务，让教师有更多精力与时间提升教学素质。同时，需要注意推进从"清单式减负"到"根源式减负"的转变，避免"形式主义""官僚主义""痕迹主义"对减负工作带来的不利影响。最后，政府部门与学校要深刻理解并妥善应对教师"再专业化"过程中可能遇到的风险与挑战，避免落入"越减越重"的悖论困境，并采取"赋权增能"方式提升教师专业自主权。同时，对基层教师做好心理减压工作，通过心理疏导等方式纾解心理负担，帮助其提升教学效能感与成就感、降低职业倦怠与失落感，形成教师主动减负与外部支持减负的双向良性互动。

(三）提供有效保障与激励措施，构建条块协作互嵌减负机制

首先，通过立法精确保障中小学教师各项权益，明确其权责边界、主体功能、工作时间、休息权、工作量等关键要素，防止教师功能无限扩大与工作负担过重带来的不良影响，并通过机制创新、协同减负等方式构建良好的外部保障体系。同时，统筹规划编制内外的优秀教师资源，充分利用各方资源协助教师完成非本职工作，采取分阶段、分学段、分步骤的方式扩大教师编制并提高教师待遇水平，采取"弹性下班制"等激励措施提升教学积极性。其次，针对条线下沉的压力传导，需要健全垂直管理机制，即教育行政部门应明确学校和教师各自的主责主业，不随意越位向中小学教师摊派任务，防止向下转嫁压力与责任。统筹规范针对基层教师的行政工作与社会事务，完善以"迹"为重的评价制度体系，通过评价指标严谨化和检查监督精简化来减轻"痕迹主义"流弊对教师减负工作带来的不利影响。同时，中小学校应该接受上级教育行政部门的监督，防止学校将自身事项摊派给基层教师承担。再次，针对块状行政多层加码，应当明确教育行政部门的职责体系，充分发挥各职能部门的优势，高效协同地完成上级任务，从而避免行政事务向下摊派。具体而言,教育行政部门之间需要在充分沟通交流的基础上,统筹各职能部门的主要工作,避免在给中小学校及教师派发任务过程中发生工作重复与冲突的情况。此外,优化调整行政任务主要目标,在总体目标不变的情况下,少干预学校办学自主权与任务分配方式,学校也应向基层教师赋权增能,鼓励其兼具主动性、选择性、积极性和创造性地开展各项工作。最后,通过条块协作互嵌的方式提升教师负担治理能效,“条”与“块”的互嵌合作应着眼于整体提升基层行政部门与学校对教师负担治理的能效;通过明确条块权责关系,以教师减负“清单”为基础进行治标,针对各责任主体制定教师减负实效的考核标准,通过搭建“条块协同互嵌”负担治理机制进行治本,在理顺教育行政体系内上下级“条条”、同级间“块块”权责边界的基础上,规范地方管理和垂直关系体制,更好地为基层教师减负与提质增能。

第二章 国际视野中的教师负担及治理政策

第一节 日本教师负担情况与治理政策

对于日本教师而言,工作时间过长已经成为一个不容忽视的严峻问题。超负荷的工作导致越来越多的教师出现过度疲劳和精神疾病,这不仅干扰其教学表现,而且危害教师的身心健康,最终影响教师队伍的可持续发展以及学生的成长。为打破这样的恶性循环,提高教师的教学与生活质量,保障教师的人权和创造力,推动更有效的儿童教育活动,日本文部科学省以改善教师的长时间工作为切入点,将教师减负作为重要研究课题,正全面推进学校工作方式改革。本节将呈现日本中小学教师的工作现状,分析其负担过重的文化与制度原因,在此基础上梳理总结日本在教师减负方面的政策路径,期望为我国缓解中小学教师负担过重的问题提供借鉴。

一、日本教师负担现状

(一)文部科学省教师工作实况调查

文部科学省进行过两次(2006 年和 2016 年)大规模的"教师工作实况调查"。2006 年度的调查是日本 20 世纪 60 年代以来首次对教师工作现状的大规模调查,根据调查结果,超三成小学教师、过半初中教师的月加班时长在 80 小时以上①。

因教育环境的改变以及学习指导要领的修订,教师面临新的教育问题,2016年度日本国内再次针对教师工作情况展开调查。与上一次调查结果(2006年)相比,教师在工作日和周末的工作时间都有所增加,小学教师每周在校园内的总工作时间平均为 57 小时 25 分钟,初中教师为 63 小时 18 分钟②。日本厚生劳动省规定,在脑、心脏疾病发病前的一个月加班超过 100 小时,或从发病前的倒数第 2 个月起至倒数第 6 个月之间,平均每个月加班超过 80 小时,即达到了"过劳死"的判定标准。而在此时的调查中,日本小学教师达到过劳死判定标准的比例为33.5%,初中教师的这一比例更是高达 57.6%。③

(二) OECD"国际教师教学调查"

在 2013 年和 2018 年,日本参与了经合组织开展的教师教学国际调查(TALIS,Teaching and Learning International Survey),报告中同样也指出了日本教师的"忙碌"。根据该调查结果,日本公立中小学教师每周工作时间达到53.9 小时[参与调查的国家(地区)平均为 38.3 小时],为参与国(地区)中最长。日本中小学教师每周授课时间处于参与国(地区)的平均水平,但是用于指导学生课外活动(包括体育、文化活动等)的时间占据教师工作时间比例尤其大。除此之外,日本教师的行政办公、在学校和校外备课的时间也均高于平均水平。④

2018 年的 TALIS 调查显示,日本小学教师每周工作时长为 54.4 小时,中学

---

① ENNPRIME.「教員の残業代は一律 4%」増え続ける仕事と、変わらない給料のワケ[EB/OL]. (2019 - 08 - 15)[2021 - 10 - 12]. https://www. fnn. jp/articles/-/1104.

② 文部科学省. 教員勤務実態調査(平成 28 年度)の集計(速報値)について[EB/OL]. (2018 - 09 - 27)[2021 - 09 - 20]. https://www. mext. go. jp/component/a_menu/education/detail/__icsFiles/afieldfile/2017/08/03/1297093_5. pdf.

③ 川崎祥子. 学校における働き方改革—教員の多忙化の現状から考える勤務時間制度の在り方一. 参議院常任委員会調査室・特別調査室. 2018(09):401.

④ 国立教育政策研究所. OECD 国際教員指導環境調査(TALIS)のポイント[EB/OL]. (2020 - 03 - 20)[2021 - 9 - 21]. https://www. nier. go. jp/kokusai/talis/imgs/talis2013_summary. pdf.

教师为 56 小时,均在参与调查的 48 个 OECD 成员国(地区)中位居首位,远超 38.3 小时的平均水平。日本教师的工作时间被分为了授课时间、指导课外活动时间、行政办公时间、备课时间以及职业培训时间五大板块。根据日本文部科学省对于报告结果的解读,日本此次的调查结果与 2013 年的调查数据如出一辙。在上述时间板块中[①],中学教师每周指导课外文体活动的时间达 7.5 小时,远超参与国(地区)的平均水平 1.9 小时;中小学教师平均每周行政办公时间达 5.5 小时,备课时间达到 8.6 小时,均为参与国(地区)中最长。而值得指出的是,日本中小学教师每周职业培训时间分别为 0.7 小时和 0.6 小时,远低于参与国(地区)平均时间(2 小时)。

日本描述教师职业时最常表述的词汇是"忙碌性"(日语为"多忙化"),与之对应,当教师描述自己的主观感受时常常使用的是"忙碌感"(日语为"多忙感")。在 2016 年的"教师工作实况调查"结果公布后,日本政府委托筑波大学的研究团队对日本教师心理健康进行了量化分析[②]。研究结果表明,教师工作时间与教师心理健康状况有着密切的联系,工作时间越长,教师心理健康状况越差;同时与日本其他职业相比,教师的心理健康状况较差。日文文献中"负担"一词强调业务负担(日语为"業務負担"),指教师肉体和精神上产生的负荷[③]。超负荷的工作导致越来越多的教师出现过度疲劳和精神疾病,这不仅干扰其教学表现,而且危害教师的身心健康,最终影响教师队伍的可持续发展以及学生的成长。为打破上述的恶性循环,日本政府在教师减负方面展开了大量探索。

---

① 文部科学省. 我が国の教員の現状と課題- TALIS 2018 結果より-[EB/OL]. (2019 - 06 - 19)[2021 - 08 - 20]. https://www. mext. go. jp/component/b_menu/other/__icsFiles/afieldfile/2019/06/19/1418199_1. pdf

② 筑波大学メンタルヘルス研究チーム. 教員のストレス状況に関する分析について[EB/OL]. (2018 - 01 - 10)[2021 - 08 - 20]. https://www. mext. go. jp/component/a_menu/education/detail/__icsFiles/afieldfile/2018/01/10/1297093_17. pdf.

③ 久冨義之. 日本の教員文化:その実証的研究(1)[J]. 一橋大学研究年報. 社会学研究,1992 (29):55.

二、教师负担的原因分析

(一) 教师负担的文化背景

虽然教师职业的忙碌在日本社会中并不是一个独特的现象。日本是一个有着"加班信仰"的国家,"过劳死""过劳自杀""工作中毒""社畜"等流传甚广的词汇从侧面体现出上班族长时间工作,身心疲惫的艰难状态。然而,教师作为其中一个具有代表性的群体,"忙碌"有着特殊的内在特征。

正如佐藤所指出的,日本教师的工作具有"递归性""不确定性"和"无边界性"这三大特点[1]。战前,学校一切事务都被认为是"国事",学校教师被赋予"公职人员"的待遇和地位,掌管公共事务。因此,根据《公务纪律》(明治二十年诏书),官员被任命为天皇的官员,对天皇及其政府有"忠实和无限期的工作"的义务[2]。"忠贞不渝的工作"作为战后的教师文化、学校文化被继承下来,成为对教师的过度要求和期望。

日本教师的长时间工作由来已久。在 20 世纪 90 年代,有描述说他们每天需要工作 12 个小时左右[3]。另外,在战后公务员工时制度确立之初,由于"教育劳动的特殊性",公立学校教师的法定工作时间比其他公务员要长,但他们并没有因超过常规工作时间而被给予加班费用[4]。文部科学省认为《劳动基本法》中"如有常规时间外的劳动必须支付加班费"(第 37 条)的规定不适用于教师,并于1971 年颁布《公立义务教育各类学校教育职员工资特别措施法》,该法律规定以占工资月额 4% 的教职调整额作为教师加班津贴[5],但 4% 的比例是依据 1966 年

---

① 稲垣忠彦・久冨善之. 日本の教師文化. 東京大学出版会[M],1994:21—41.
② 稲垣忠彦・久冨善之. 日本の教師文化. 東京大学出版会[M],1994:21—41.
③ 石戸谷哲夫. 日本教員史研究[M]. 講談社,1967:23—89.
④ 中村圭介・岡田真理子. 教育行政と労使関係[M].エイデル研究所,2001:98—102.
⑤ 文部科学省. 我が国の教員の現状と課題 - TALIS 2018 結果より -[EB/OL]. (2019 - 06 - 19)[2021 - 08 - 20]. https://www.mext.go.jp/component/b_menu/other/_icsFiles/afieldfile/2019/06/19/1418199_1.pdf.

中小学教师平均 8 小时的月加班时长计算得来，早已不适用于当今的教育形势。

日本学者中内在论文《"爱之鞭"的心理史——教师文化史导论》中，介绍了为帮助孩子而殉职的教师的事例（例如，小野佐月的训导事件，1922 年，宫城县），其被誉为"教育美谈"，不仅在教育界广为流传，而且以新闻报道和出版物的形式被广泛宣传①。这些殉职教师的"美"，被嵌入"至高无上的纯粹牺牲精神"和"对学生的牺牲之爱"，作为社会中教师文化的重要元素内化于教师形象之中。承受责任作为教师的"荣誉"深入人心，为教师的工作负担提供了文化正当性。

可以说，日本拥有以"献身性教师形象"和"对孩子的责任无限定性"为特征的教师文化。长期研究教师文化的久富指出，这种"自我牺牲"的教师形象不仅被作为教师道德强加于教师群体并内化为一种文化，而且这种"自我牺牲"的教师形象已经成为一个教师获取孩子和家长信任的特殊回路②。由于社会对"献身性教师形象"大力追捧，相较于教师的专业能力，家长更看重教师对职业是否热忱（日语为"熱心"）。但从 20 世纪 70 年代中期到 90 年代中期，日本因学校教育相关问题的不断爆发继而引发了一些社会问题，这被称为一个"教育荒芜"的时代。学生学力下降、逃课、校园欺凌现象屡见不鲜，教师与孩子和家长间产生了严重的信任危机。这种内在的文化也给教师带来了心灵上的枷锁，赋予教师负担以文化正当性。

（二）教师负担的制度背景

二战后，受凯恩斯福利国家理念的影响，日本扩大了行政活动和行政服务的范围，但是 20 世纪 70 年代以来，行政臃肿的"大政府"暴露出行政低效、财政赤字等问题。由此，受英美影响，20 世纪 80 年代后日本在新自由主义理念下，中曾根政权领导日本开始向"规制和缓型"（日语为"規制緩和型"）国家转变。所谓"规制和缓"，一言以蔽之，意为放松政府的管制。新自由主义是一种谋求小

① 中内敏夫. 社会規範[M]. 藤原書店,1995:201—234.
② 久冨義之. 教師のパーンアウト（燃え尽き）と「自己犠牲」の教師像の今日的転換[J]. 一橋大学研究年報. 社会学研究,1995(34):3—42.

政府、大社会，旨在以市场竞争来调控社会的政治意识形态。20 世纪 90 年代之后，基于日本规制改革委员会的建议，日本开启了包含经济、教育、医疗、福利等全领域的"规制改革"①，其目的是积极地运用市场原理构建竞争社会，促进经济的活力。

日本的"教育改革"是"规制改革"中的一颗棋子，也是"规制改革"中的重要组成部分。其具体措施表现在以下方面：第一，放宽学校设立和设置者门槛；第二，放宽择校管制，确定以"选择自由"与"自我责任"为基础的学校选择制；第三，放宽对就学义务的管制；第四，放宽对进入公立学校管理的管制②。在新自由主义政策的支配下，义务教育体制改革的基本方针具体体现为市场化倾向和绩效成果导向。具体表现如下。

1. 市场化倾向

2000 年以来，日本由于受到国家经济构造改革的影响，经济界对教育市场化尤其关注。2003 年世界经合组织（OECD）进行的学力调查结果显示，日本多项指标落后于其他国家，"学力低下"的结果引起了政界与国民对国立、公立学校教育的不满，公共教育出现了前所未有的信任危机。在经济全球化和知识社会发展的今天，政府已经从所谓国家主导的"数量"保障政策转变为"质量"保障政策，因此政府开始对公共教育进行反省，并试图以引入市场竞争原理来改善教育。

如上述规制改革的措施，日本放宽办学门槛，促进办学主体多元化，允许企业和一些非营利组织（NPO）举办学校。并且导入学校选择制，根据学校教育执法条例第三十二条第一项，市教委在指定学校时，可以事先听取家长对拟入学学校的意见③。在学习指导要领下推行"打造特色学校"（「特色ある学校づくり」）计划，鼓励各校开设特色、个性化课程。同时赋予家长更多的择校自由权。

---

① 樋口修資. 教育の規制緩和論の射程とその限界－公教育制度の再構造化をめぐる諸問題－. 明星大学研究紀要，2019（9）：30－45.
② 樋口修資. 教育の規制緩和論の射程とその限界－公教育制度の再構造化をめぐる諸問題－. 明星大学研究紀要，2019（9）：30－45.
③ 文部科学省. 学校選択制［EB/OL］.［2021－08－20］. https://www. mext. go. jp/a_menu/shotou/gakko-sentaku/06041014/002. htm.

2. 绩效成果导向—注重教育结果的评估

小川胜野引用了 1998 年中央教育审议会咨询报告《关于今后地方教育行政发展》和 2005 年中央教育委员会报告《创造新时代的义务教育》，指出日本的教育行政方式正在由"入口管理型"向"出口管理型"教育管理方式转变[①]，即日本政府下放权力，尽可能扩大地方政府在教育实施方面的权力和责任，倡导"学校的自主与自立"理念，扩大学校的自由裁量权，将评估重心放在每所学校的"出口"处，致力于教育结果的评估。

在出口管理型教育行政管理方法下，需要衡量组织预先设定的目标实现程度。在这种依赖绩效（performance）的评估框架中，可能会设置相应的激励和制裁措施，以促进整个组织或个人绩效的改进。在这种情况下，管理业绩的实现程度等评价结果可以作为在一定社会分配利润、价值和资源时的合理分配标准。例如，学术能力测试可能用于选拔新生入学，也可能反映在政府对学校的预算分配、教师工资等方面。例如，东京都足立区在 2007 年度制定"打造特色学校"的预算分配时，就根据区内的学术能力测试结果，按照四个层级对学校进行排名和分配[②]。

同时，为了更好地实现对于学校的评估，有些地方建立了监护人和地区市民自主参与学校管理的"地方运营学校"制度。该制度下，监护人和地方市民可以通过学校运营协议会，决定学校的基本方针并对学校活动享有监督权。这种改革方向建立了教育行政与学校的新型关系，以教育行政为主导的评估成为新的学校管理战略，并使教育发展与地区发展相联系。

总体来说，日本在政策层面，进一步优化了竞争主义学习环境、管理主义学校经营；在学校，能力主义与竞争主义、基于数值目标的评价与管理、教育机会不均等、学习的层级落差扩大等事态不断蔓延。学生学业负担加重的同时，教师的身心健康状况也每况愈下。

---

① 小川正人·勝野正章. 教育行政と学校経営(M). 放送大学教育振興会，2012：36—89.
② 小川正人·勝野正章. 教育行政と学校経営(M). 放送大学教育振興会，2012：36—89.

三、学校规制改革向教师负担的传导机制

教育的市场化倾向,绩效成果导向的教育管理以及责任无限定性的"敬业教师形象"就如同三座沉重的大山,压在日本教师的头上,带给教师们沉重的业务负担。在这种长时间工作的背景下,教师公务员的心理健康已经恶化①。根据文部科学省的一项调查,截至2010年,教师因精神疾病休病假的比例在过去10年内增加了2倍,增加率大约是普通工人水平的2倍。2012年,超过61%的教师病假是由于精神疾病造成的,这比20世纪80年代校园暴力期间高出约6倍②。不同的业务负担对于教师的心理性负担(日语为"心理的负担"),也是就压力(日语为"ストレス",对应的英文为"stress")的影响程度不同,TALIS—2018将教师的业务种类进行分类,提供了教师压力的概念框架,为规制改革的特征要素与教师负担之间的关系提供了一个可观察的分析框架。

根据TALIS—2018年的概念框架,教师的压力来源被分为三个不同的组。第一组为工作量(workload),是指教师完成具体工作任务及其所需要的工作时间,具体工作任务包含行政工作、评卷判分工作、备课授课等;第二组为学生行为层面,主要涉及对学生的成就负责,维持课堂纪律,被学生恐吓或辱骂等威胁人身安全的行为;第三组为教师需要回应利益相关者不断变化的需求,包括解决家长或监护人的担忧、满足国家和政府教育当局不断变化的要求③。观察日本教师压力来源(如图2-1所示),可以看到教师压力来源最大的三项业务分别为行政工作(52.5%),回应利益相关者中家长和监护人的问题(43.5%),以及对学生成绩负责(37.7%),除此之外,跟上地方政府的政策变化(34.7%)和维持课堂纪律(33.4%)也占较高的比例。下文将结合此概念框架,分析学校规制改革对教师

① 真金薰子・中島一憲. 教員のメンタルヘルス[J]. 精神科治療学,2007(22):49.
② 江澤和雄. 教職員のメンタルヘルスの現状と課題[J]. レファレン,2013(744):1—7.
③ Ainley J, Carstens R. "Teaching and Learning International Survey (TALIS) 2018 Conceptual Framework" [M]. OECD Education Working Papers, OECD Publishing, Paris, 2018:187.

负担的传导机制。

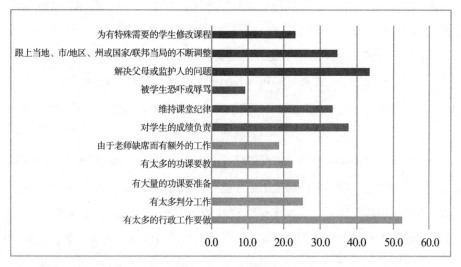

图 2-1　日本教师压力源

(一) 集约化经营管理：教师职责的错位

绩效导向下，教师工作这些变化通常被西方学者称为"集约化"（intensification）（Apple，1988；Ballet，Kelchtermans 和 Loughran，2006）。"集约化"是出自经济领域的专业术语，可理解为集合要素优势、节约生产成本，提高单位效益的方式。在社会经济活动中，即指在同一经济范围内，通过经营要素质量的提高、要素含量的增加、要素投入的集中以及要素组合方式的调整来增进效益的经营方式。

早在 20 世纪 80 年代，阿普尔（Michael Apple，1986）就指出集约（intensification）论，认为日益增长的经济和管理为导向的教育观念导致了教师工作的集约化，这意味着教师的去技能化和非专业化（deprofessionalization）。教育政策越来越遵循一种市场逻辑，即教育被视为学校生产的产品[1]。学校的管理运作和产出上的"效率"压力，使得教师的专业自治权和自主权正在面临着挑战，某些专业技能由

---

[1] Apple M W. Teacher and texts.：A politiacal economy of class and gender relations in education [M]. London：Routledge，1986：23 - 35.

于重要性降低而丧失。"管理者和政府官员一直试图将教学技能定义为一组客观确定的能力,并通过标准化的教科书,标准化学业水平测试,以及计算机辅助教学,使标准化教学工作本身合理化。"①为了能够"万无一失"地达到外部审查与评价的目标,预先包装和设计好的教材与文本被开发出来并"提供"给教师,这实际上减少了教师对学校课程目标和内容的专业控制。预先指定的能力不仅反映了一种反技能化的趋势,而且还强调了作为一名教师所必需的新技能,即行政和执行②。

目前日本的中小学基本上实行以校长为中心,中层管理职能分化,全体教师参与并且共同经营管理学校的组织运营体制。中层职能一般分化为指导和管理两个方面。指导方面包含了教育事务、学生指导、升学就业指导、保健指导、研究等。管理方面常指总务、图书、事务、校产、文书等经营管理。作为一名普通的教师,必须担当某个职能的工作,甚至是交叉地分担部分校务工作。在一般的企业中,员工隶属于特定的部门,常见的是不兼任其他部门的"垂直型组织"③。而在学校中,常见的组织形式是"横向型"组织,或者说"矩阵式"组织,往往表现为一名教职工跨年级、学科、各委员会分工多个组织工作。这使得教师往往需要花费大量的时间精力处理行政事务,"面对孩子的时间"变得越来越少了④。

(二) 身份认同危机:权威丧失后的职业倦怠

日本学者久富指出,日本近代化过程中,学校、教师与父母的关系构成特征在战后经历了三次重组和性质变化。分别为"1945 年到 20 世纪 70 年代前期"

---

① Apple M W. Teacher and texts.:A politiacal economy of class and gender relations in education [M]. London:Routledge, 1986:23 - 35.

② Ballet K, Kelchtermans G, Loughran J. Beyond intensification towards a schotarship of practice: analysing changes in teachers' work lives. Teachers and Teaching, 2006(12):209 - 229.

③ 久冨善之. 学校・教師と親の〈教育と責任〉をめぐる関係構成[J]. 教育社会学研究,2012 (90):54.

④ 文部科学省. 学校現場における業務改善のためのガイドライン[EB/OL]. (2017 - 04 - 05) [2021 - 08 - 24]. https://www.mext.go.jp/component/a_menu/education/detail/__icsFiles/afieldfile/2017/04/05/1297093_4.pdf.

"70 年代中期到 90 年代初期""90 年代中期到今天"三个时期①。在战后重建到经济高速增长的社会和生活方式转变中,学校系统几乎垄断了现代职业的课程,这个时代被称为"教师控制的黄金时代"②,学校和教师在孩子与家长之间拥有高度的信任和权威。而自上文提到的"教育荒废"时代开始,公立学校中的校园霸凌、旷课等现象频发,大大降低了教师的权威,"私立学校热潮"正是源于民众对于公立学校的不信任。根据久富的观点,传统的"学校文化"关系结构已经瓦解,建立正面关系所必需的"来自孩子和父母的一定信任和权威"不复存在,直接和单独的"责任追究"关系开始凸显③。

90 年代中期之后,在教育规制改革下,家长作为教育消费者拥有更大的择校自由权,在"效率"思维的指导下,社会和家长过度关注考试的选拔功能,希冀教育投资能够取得相应的回报。家长对学校与教师的"不信任"成为政府教育改革的推手,政府建立新型公立学校制度,设置了监护人和地方市民等作为委员的合议制学校运营协议会,通过学校运营协议会,决定学校的基本方针,反映监护人和地方要求,实现对学校活动情况核查的功能。久富指出,规制改革中的"放松管制"和"权力下放",是背后拥有实际管控权的"教育官僚机构"(如文部科学省和教育委员会)回避大众批评的有利因素,并且使他们以"公平的"改革者形象出现④。而学校与教师则成为政策的执行者,也成为了利益相关者的首要抨击者。

日本学者山本指出,2000 年以后,监护人对学校的投诉和要求已成为日本当代的社会问题,尤其是近年来,父母的要求越来越不合理,学校管理者的决策被

① 文部科学省. 学校現場における業務改善のためのガイドライン[EB/OL]. (2017 - 04 - 05)[2021 - 08 - 24]. https://www.mext.go.jp/component/a_menu/education/detail/__icsFiles/afieldfile/2017/04/05/1297093_4.pdf.
② 久冨・松田・長谷川等共訳. 学校知識:カリキュラムの教育社会学[M]. 明石書店,2009:28—89.
③ 久冨善之. 学校・教師と親の〈教育と責任〉をめぐる関係構成[J]. 教育社会学研究,2012(90):54.
④ 久冨善之. 学校・教師と親の〈教育と責任〉をめぐる関係構成[J]. 教育社会学研究,2012(90):54.

牵制，使得学校整体的教学活动表现出疲敝的状态①。京都府教育委员会针对该问题进行了详细的调研，在官网上公布了一份题为"打造值得信赖的学校——回应对学校的投诉"调研报告②。报告中指出，由于少子老龄化和核心家庭等日本家庭结构的变化，加上技术创新、信息化和国际化而引起的社会机制和工作方式的变化发展，日本社会的人际关系越来越稀薄化和孤立化，地区社会关系资本逐渐丧失，家庭、地区教育能力低下。这使得一些本该由家庭或社区承担的教育职责被委予学校。

结合前面介绍的"献身的教师形象"，现代社会中，日本公众一贯将学校看作是"为孩子提供教育服务的地方"，教职员工应当"对孩子的教育承担无限定性责任"。基于教师与监护人之间的这种人际关系，教师不得不成为身兼数职的万能人。"牺牲者形象"已经成为一种根深蒂固的心理机制，教师常常站在受害者的视角去看待自己的困境，"我这么努力，为什么孩子不听，为什么家长不配合"，这种身份认同危机使得他们常常感到疲倦和沮丧③。曾经的"献身的教师形象"可能是教师信念的基石，然而如今，这种献身精神比起支撑教师内心的作用，更多的是给教师带来精神上的压迫。

（三）"学力序列化"：竞争激化下的教师考评压力

近年来，"脱宽松教育"道路下推行的新一轮教育改革，使学生学力重新成为衡量学校质量的重要指标。在规制改革的系列探讨会议中，为"学校评价"和"教师评价"提供更为客观的评价指标，文部科学省自 2007 年起开展"全国学力调查测试"，每年投入约 50 亿日元，展开全样本调查以掌握全国儿童学业成绩状况。目前公立中小学校的参加率基本达到 100%。尽管文部科学省反复重申学力调

---

① 山本達人. 学校に対する保護者の「意見・要望」研究へのビネット調査の応用可能性の検討[j]. 東京大学大学院教育学研究科紀要, 2018(57): 21—31.
② 京都府教育委員会. 信頼ある学校を創る——学校に対する苦情への対応[EB/OL]. [2021 - 09 - 28]. https://www.kyoto-be.ne.jp/ed-center/gakko/pdf/sinrai-gakkou.pdf.
③ 北神正行: 教員の労働環境と働き方改革をめぐる教育政策論的検討. 学校経営研究, 2018 (43); 89—101.

查的目的在于促进教育改善，强调"避免以数值上升为目的的过度应对"。但鉴于公开排名的压力，越来越多的地区要求教师为学力调查做准备，教师不得不在分析考试对策上花费大量精力。近年，其对教师"时间与精神上的宽裕"的剥夺愈受关注。2017年12月，每年都在全国学术能力测试中取得高分的福井县，县议会通过了《要求对福井县教育行政进行基本审查的意见》①，并表示："为维持'日本学力第一'给整个县的教育带来了无声的压力，是教师和学生负担的主要因素。教师忙于提高学术能力，失去了与孩子打交道的心理空间。"

同时，公开排名的"全国学力调查测试"的结果也与教师考评相关。根据相关报道，大阪市连续两年在政府指定城市中排名最低后，于2019年，大阪市教委命各学校根据市教委提前设定的下限制定自己的目标值，将成绩水平纳入校长人事考核，作为奖金的一部分体现，校长则参照市教委提供的考试成绩对教师进行评价。考虑表扬那些为提高分数做出贡献的老师②。无独有偶，这样的政策在日本其他地区并不少见，业绩主义下，自治体行政长官往往将自己的教育政策结果与测试排名相挂钩。学生学业成绩也成为掌控教师晋升的关键，为教师带来严重的业务负担与精神压力。

在高压的学业竞争环境下，学生的问题行为屡见不鲜。根据文部科学省对于全国中小学"有问题行为·不登校调查"，2020年度出现过不登校行为的初中生和小学生有196 127人，较上年度增加了14 855人，同比增长8.2%，创下近8年最高值③。与学业指导相同，学生指导同样是教师的本职工作，然而在高压的绩效考评压力下，群体多元化、校园暴力等多种校园问题层出不穷，使教师应对乏力，育人成为教师在重压之下无暇顾及的原点。

---

① 福井県の教育行政の根本的見直しを求める意見書（案）［EB/OL］.（2017 - 12 - 23）［2021 - 09 - 23］. https：//www. pref. fukui. lg. jp/doc/gikai-giji/giankekka/gianshingi-2017 _ d/fil/201712_hotsugi36. pdf.

② 朝日新聞デジタル.（社説）大阪教員評価 学力競争の弊害直視を［EB/OL］.（2019 - 02 - 07）［2021 - 09 - 20］. https：//www. asahi. com/articles/DA3S13882798. html.

③ 文部科学省. 児童生徒の問題行動·不登校等生徒指導上の諸課題に関する調査［EB/OL］.（2021 - 10 - 07）［2021 - 11 - 20］. https：//www. mext. go. jp/content/20211007-mxt_jidou01-100002753_1. pdf.

四、日本教师减负的行动路径

2016 年的"教师工作实况调查"结果再次让日本政府和社会深刻意识到改善教师工作状况、减轻教师负担这一问题已经刻不容缓。为了减轻教师的工作负担,日本各地教育委员会通过问卷调查等方式掌握教师的实际情况,设立专门委员会制定执行计划,研究具体案例。

2017 年 6 月 22 日,为建立新时代持续发展的学校指导和管理制度,文部科学省就改革学校工作方式的综合措施征求了中央教育委员会的意见,由此,隶属于中央教育审议会的中小学教育小组委员会设立了"学校工作方式改革特别部会",并于同年 7 月 11 日召开了第一次工作会议,截至 2019 年 1 月 11 日,总共召开了 21 次相关部会。

针对上述教育困境,日本采取了以下措施以期缓解教师的沉重负担。

(一) 修订相关法规:硬性限定工作时长上限

2019 年 1 月颁布的《公立学校教师工作时间上限指导方针》[①]规定了教师"在校时间"的上限。指南首先重新界定了教师的"在校时间",除了"加班 4 项目"以外,教师在校外参加培训和带领学生等时间以及各地方公共团体规定的远程办公的时间也被视为教师"在校时间"。校长不得要求教师额外加班,并规定教师每月在校工作的总时间超出时长不能多于 45 小时,教师 1 年内在校工作时间超出时长不能多于 360 小时。对于社团活动,日本体育厅要求,教师每周要有 2 天以上的休息日,社团活动的总时间一天不得超过 2 小时,学校也要在一定时期内设置校园关闭日。另外,学校要充分利用办公室的答录机和学校网站等设施、媒介,减少教师接待地区居民的时间。同时,从教师工作具有周期性的忙碌

---

① 公立学校の教師の勤務時間の上限に関するガイドライン[EB/OL]. (2019 - 03 - 09) [2021 - 09 - 20]. https://www.mext.go.jp/component/b_menu/shingi/toushin/__icsFiles/afieldfile/2019/03/08/1412993_2_1.pdf.

期与闲暇期这一特性出发,实行一年周期灵活工作时间制。

日本重新修订了《公立义务教育学校教师工资特给法》为这两条制度提供了法律保障。根据《特给法》修正案第五条,除减少学期期间的工作量外,可根据实际情况,允许公立学校中小学教师采用"灵活工作时间制",使教师可以通过暑期集中休假等方式调整假期以确保休假时长。《特给法》第七条规定,文部科学省应制定关于适当管理教育人员在正常工作时间和其他时间的工作量的准则,以便通过确保教育人员的健康和福利,为保持和提高学校教育水平做出贡献。以上法律条例的修正可以说是应对教师工作"无边界性"这一软文化的硬性措施。

(二) 明确非教学事务:厘清责任边界

鉴于教师工作内容泛化、工作边界模糊导致的工作量过大的问题,2019 年,中央教育审议会发布《关于构建面向新时代教育的可持续学校管理体系的学校工作方式改革综合方案》,对学校和教师到目前为止所负责的代表性工作进行了分类调查,从明确责任体和优化工作内容两个角度厘清教师的权责边界[①]。

全新分类的教师事务分为三大类,第一类是应由校外主体负责的事务,如教师虽有义务保障学生生命安全,但涉及校园的社会治安事件等超出教师能力范围,需学校与相关行政部门、监护人建立协作机制;第二类是应由学校但不必由任课教师负责的工作,其与教学关联度不高,可转交行政职员或委托外部团体;第三类是能减轻的教师本职工作,该类工作多涉及学生发展,故可在教师作为责任人的同时寻求专业人士协助。总之,通过厘清教师的非教学类工作边界,减去相当部分的业务负担,实现较合理的工作时间分配。

在此基础上,报告指出在推进学校工作方式改革时,有必要进一步扩大行政人员对校务运营的参与。行政人员要充分利用他们在学校管理方面的专业知识,与副

---

① 中央教育審議会. 新しい時代の教育に向けた持続可能な学校指導・運営体制の構築のための学校における働き方改革に関する総合的な方策について[EB/OL]. [2019 - 03 - 08] (2021 - 08 - 24). https://www. mext. go. jp/component/b_menu/shingi/toushin/__icsFiles/ afieldfile/2019/03/08/1412993_1_1. pdf.

校长和校监一起协助校长,管理好学校。文部科学省和教育委员会正在努力改善行政人员的分配,推动引入一般行政管理制度,建立和使用学校联合行政办公室,以提高行政人员的素质,确保正确和有效地处理学校事务,进一步加强行政管理职能。

(三) 团队学校:重构互信框架

日本文部科学省强调的是构建"作为团体的学校"(日语为"チームとしての学校")。这一理念最早于 2015 年由中央教育审议会提出,在本次工作方式改革中,文部科学省再次呼吁构建协同合作的"团体学校",不仅仅是以此减轻教师的负担,更重要的是期望构建一个合作互信的实践共同体。

团队学校以重构教师组织结构为前提,更新组织形态。传统的学校组织形态多为上述介绍的"横向型"组织,团队学校则致力于推动教师组织由扁平形向锥形转变①:适当增加管理者层级和人数,依据专业化分工原则各司其职,着力构建专业性合作机制,形成多级锥形结构体系。同时引入家长教师联合会(Parent-teacher Association,PTA)、地方学校协会工作人员或志愿者等外界力量参与学校事务管理,建立学校、家庭、社会常态化交流机制。最终形成以政府为主导,学校为主体,社区和家庭积极参与的学校工作格局。这项举措的推进不仅帮助学校和教师分担了部分工作,而且进一步明确了家庭的作用和责任,促进家庭和教师间的相互理解与认同。

(四) 建构学力新理念:变革学习方式

针对"学力序列化"旳教师考评压力,追本溯源,它是来自日本对教育质量保障的重视。那么如何实现教师减负与教育质量保障间的平衡呢? 日本在基础教育领域一直被一些问题困扰,如偏重知识、盛行灌输式教育、看重学生成绩、忽视学生的全面发展、重视升学考试和忽视学生未来的发展等。自 20 世纪 80—90 年代"宽松教育"到如今的"脱宽松教育"之路,似乎"减负"与"提质"两者之间存在

---

① 李昱辉. 走向团队学校的日本教师组织变革[J]. 比较教育研究,2017,39(12):37—42+48.

着此消彼长的关系,表面上看,二者确有不可调和的矛盾。然而从日本学习指导要领的变更中可以发现,日本一直在重构"学力"这一概念的核心内涵。

2017 年,文部科学省在最新版学习指导要领中提出主动学习(Active-learning)的新理念,它以主体性、对话性和深度性学习为内涵,以学习本质的实现与学习质量的提高为宗旨,意在培养能够适应未来生存与工作挑战的自立型学习者,培养"向学力"而非"学力"。只有当教育等同于知识传授时,减少教师的工作时间与任务才会导致教育水平的必然下降,实现学生学习方式的变革、学生能动性的发挥就能保证鱼与熊掌兼得[1]。为此,学生发展的实现对教师的减负而言,既是途径又是结果。

五、结语

日本教师由于超长工作时长引发社会各界广泛关注,而其沉重的负担受到根深蒂固的文化传统以及新自由主义理念下教育规制改革的制度影响。因而可以说,日本的教师困境是在东方文化与西方理念的碰撞下产生的。

日本与许多东亚国家一样,将教育视为阶层流动的工具,"立身出世"成为世人不懈追求的目标。看起来最公平、严格的选拔性考试就成了共同的选择,为社会提供着关于公正和阶层流动的基本预期。同时,作为科层官僚制的代表,"忠贞不渝的工作"和"无私的献身精神"成为被赋予公职人员地位的教师的传统形象,教师工作具有责任无边界性、工作不确定性等特征。而这两点也成为教师负担的文化正当性。

20 世纪 80 年代后,受西方新自由主义理念影响,规制改革下,日本的教育行政方式由"入口管理型"转向"出口管理型",即中央下放权力,注重绩效成果导向。日本政府试图以市场激发教育活力,在竞争主义的学习大环境下,提高孩子学力成为家长和教师心中的第一要务,基于数值目标的评价与管理注重教师的行政与执行,反而淡化了教师的专业发展。

---

① 吴璇,王宏方.日本中小学教师的时间减负困境及治理[J].上海教育科研,2021(10):36—40.

日本教师的工作时长虽然在 TALIS 的评估中位列第一,但是职业培训时间却远低于平均水平。教师疲于应对行政事务与绩效考评,面对孩子的时间减少了;面对儿童问题行为与家长质疑,教师权威受到挑战,身份认同危机下,教师职业满意度下降,职业倦怠感加重;数据化的考试成绩不仅仅成为教师评价、学校评价的重要手段,也是地方政府政策评价的重要指标和政绩的重要体现。

在本轮改革中,日本政府试图利用硬性法规为教师工作时长设定上限并且制定弹性工作制度应对隐形的文化制约;持续推进"团队学校"建设,打造"家校社"多边互信框架;并且更新建构"学力"新内涵,以"Active learning"推动教育回归原点,强调以"知识与技能"为基础的各方面均衡培养,并将"思考力、判断力与表现力""向学力与人性"融入课堂教学目标中,力图摆脱偏重知识、盛行灌输式教育、看重学生成绩、忽视学生的全面发展、重视升学考试和忽视学生未来的发展等基础教育困境。然而在绩效考评的压力之下还需要重新审视考评指标,以确保教师减负与教育提质能够相辅相成。

第二节　俄罗斯教师负担情况与治理政策

俄罗斯作为横跨东西、国家宏观局势变迁剧烈的大国,其教育系统也在全球化的浪潮中摸索前行。21 世纪以来,俄罗斯在基础教育层面进行了一系列改革,在继承传统和发展创新中寻找方向,致力于发展出一条适合本国国情、具有民族特色的改革之路。这些改革不断强化俄罗斯的教育大国属性,同时也暴露出教育全球化进程与民族国家内部的传统价值之间的张力。研究俄罗斯教师负担问题,就是揭示这种内在张力、观察俄罗斯教师队伍发展以及国际教育改革的一个视角。

近年来,"教育官僚化""减轻教师负担""行政负担"等相关表述成为俄罗斯教育政策改革、学界发声、社会媒体热议的焦点。从俄罗斯教育部先后起草多份致力于减轻教师行政文书负担的规章,到统一俄罗斯党于 2021 年 11 月 29 日在教育和科学委员会第一次会议上向政府重点提出减轻教师官僚负担的建议,并决定继续完善教师薪酬制度等一系列举措可以看出,教师负担是俄罗斯政府始终关心却迟迟悬而未决的问题。

一、俄罗斯教师负担背景

21世纪以来,俄罗斯政府高度重视教育,始终强调教育在国家发展战略中的关键地位。自2012年普京重新当选总统以后,教育兴国、教育强国的理念已得到俄罗斯政府的高度认可和有力落实,并力求使教育的发展能够成为提升国家竞争力的有效途径。

面对国际基础教育改革大趋势,俄罗斯积极探索新理念,向国际主流教育理念靠拢,力求改变其长久以来"知识传递式"的认知范式传统,渐而转向以学生"个性化发展"为导向的课程体系,并推行了一系列教育改革。从新《俄联邦教育法》的修订到《俄联邦普通初等教育国家教育标准》的制定,在教育相关法律标准改革进程中可以观察到教师问题始终是当局倾注重视的要点之一。

2016年6月,普京在圣彼得堡国际经济论坛讲话中指出,教育是近年来俄罗斯的优先发展领域:"人发明和使用技术,研究者的才能、工程师和工人的技术水平堪称国家和经济整体竞争力的重要条件,因此我们把教育看作近几年来最应重视的领域。国家正在推行'教师水平提高计划',教育机构的物质条件会持续更新。"[①]在2021年10月5日俄罗斯教师节之际,普京对教师提出寄语:"俄罗斯的未来取决于年轻人,年轻人的质量取决于学校教师。因此,国家的未来在很大程度上取决于教师们。"并宣布将2023年,即俄罗斯科学教育学创始人康斯坦丁·乌申斯基诞辰200周年定为"教育者年",代表国家教育决策层面以示教师职业的社会重要性[②]。

---

① Президент России. Пленарное заседание Петербургского международного экономического форума［EB/OL］.（2016 - 06 - 15）. http://www. kremlin. ru/events/president/news/52178.

② Президент России. Встреча с лауреатами и финалистами конкурса《Учитель года России》［EB/OL］.（2021 - 10 - 05）. http://www. kremlin. ru/events/president/news/66859.

但是,在政府不断强调教育在国家发展战略中的关键地位,对教师教育持续关注,反复申明教师职业身份重要性的同时,俄罗斯教师队伍发展的结构性问题也深深困扰着俄罗斯教育系统,掣肘着教师改革顺利推进,亦组成了研究教师负担无法回避的现实语境。这些问题主要包括:

(一) 教师队伍老龄化与更新换代趋势并存

TALIS—2013 数据显示,俄罗斯在校就职的教师中有 10% 超过 59 岁,TALIS—2018 数据显示,俄联邦教师平均年龄约为 46 岁,50 岁以上教师占到近 40%[①],高龄教师的比例始终稳定在相对较高的水平,但同时年轻教师的比例也正在稳步提高。此外,俄罗斯 50 岁及以上的教师认为他们的职业在社会上受到重视的比例远低于 30 岁以下的教师。如果考虑到教师的工作经验,与工作经验少于或等于 5 年的教师(30%)相比,工作经验超过 5 年的教师认为其职业在社会上受到重视的比例较低(25%)。随着教师经验的增加,其对自身职业的价值感知在逐渐下降。

(二) 教师队伍整体专业化水平较高,但个体自身缺乏教评创新动力

参与 TALIS—2013 的俄罗斯教师中,有 94.6% 接受过教师职业教育,比 OECD 国家平均水平的 90.6% 要高。在 TALIS—2018 中,这一数值上升到了 98.2%(平均值 94.5%)[②]。可见俄罗斯国内接受职业教育的教师中,有机会接受专业相关培训的频率相对较高。和国际平均水平不同的是,俄罗斯教师普遍认为教师专业发展上没有实质性的阻碍,从这个角度可以部分证明俄罗斯在教师职业进修和教师资质发展路径上做到满足了大多数本国教师的期待。但是从教师选择的课程类型多与学科知识、教学方法和信息技术运用相关,而较少与教

---

① OECD. TALIS 2018 Results (Volume II): Teachers and School Leaders as Lifelong Learners [EB/OL]. TALIS, Paris: OECD Publishing.

② Федеральный Институт Оценки Качества Образования. Отчёт по Результатам Международного Исследования Учительского Корпуса по Вопросам Преподавания и Обучения [R]. Moscow: ФИОКО, 2020.

师评价、个性化指导方法、学生核心素养相关这一情况可以看出,教师自身对于教育理念的理解水平可能影响其对于自身专业培训资源是否充足的判断。从教学评价手段的角度来看,俄罗斯教师往往将标准化考试作为教学结果的导向①。有28%的俄罗斯教师表示从未采用过独创性的教学评价手段,而与此同时,TALIS的平均数据仅为6%。可见俄罗斯教师的专业重点大多仍然在于"以教师为中心"的教学领域,缺乏创新实践。

(三) 缺乏教师学习共同体的建设

维果茨基在其社会互动理论中指出,个体知识的形成是社会互动的结果。新手教师的专业发展也需要在共同体协作、互动中通过对专家教师的观察和学习产生②。OECD于2018年举办的旨在提高教师职业地位的国际教学专业峰会上提出,增进教师学习共同体内社会联系的共同创造和互动不仅有助于提高教师的工作效率,而且与更高的认知层次直接相关,其将教师团队中的协作问题作为教学组织的主要特征,鼓励学校充分发挥教师群体主观能动性,激发创新③。然而TALIS—2018调查结果却显示,从教学交流、协同教学角度来看,俄罗斯教师团队的组内会议以及互换教学材料的情况较少,专业合作一环严重缺失。

二、俄罗斯教师负担现状

俄罗斯学界关于教师职业压力、倦怠和负担相关的学术论文体量较大,分别涉及幼儿教育、基础教育、高等教育等,囊括文献研究、实证研究、调查报告等丰富的研究方法。教师职业负担,或者说是教师工作的职责和要求,可能引起教师

① Дука Н А. Отражение праксиологических норм в профессиональном стандарте педагога [J]. Вестник Омского государственного педагогического университета. 2015,3(7).
② Выготский, Л С, Леонтьев А Н. Развитие памяти: Экспериментальное исследование высших психологических функций [M]. Госуд. учебно-педагог. изд-во, 1931:5-13.
③ OECD. Education Policy Outlook 2019: Working Together to Help Students Achieve their Potential [R]. Paris, OECD Publishing, 2019.

职业压力,进而可能导致如倦怠、焦虑等具体症状;但又不构成职业压力的全部成因。个体内部对于压力感知能力的不同,可能导致即使在相同的工作环境、工作强度等外部条件下,个体会感受到不同的心理压力水平。由此可以看出,在与教师负担概念相关的理解和认识上,俄罗斯教育界与国际教育界拥有共享的概念工具和分析路径。

依据 TALIS—2013 及 TALIS—2018 报告中的相关数据,可以发现工作量、非教学任务以及政策改革对分析俄罗斯教师负担问题总体特征起到重要作用。通过对俄罗斯教师负担情况与国际普遍现状的横向比较以及国内调查结果的纵向梳理总结可得:俄罗斯教师的职业负担感与压力感并存,构成原因主要为工作时长、非教学工作量以及政策层面的教育改革。且两者之间无法用简单的线性关系描述,其是因复杂的社会文化背景而存在的一种隐性矛盾。

(一) 以工作量为代表的职业负担在 OECD 成员中处于较高水平

从工作量来看,TALIS—2018 研究表明,俄罗斯教师的工作量约是 OECD 平均水平的 1.2 倍,为 46 小时/周,工作负荷较高,其中只有一半的时间用于教学,超过了俄罗斯劳动法规定的教师周工作时间[①]。该数据与其本土研究结果也相契合。俄罗斯联邦教育和科学部社会学研究中心 2015 年进行的一项全国性调查显示,有 46.4% 的教师超过官方标准超负荷工作。同时,与教师的直接专业职责无关的工作量也在增加。TALIS—2013 和 TALIS—2018 结果均表明,俄罗斯教师花在行政工作上的时间远超过 OECD 平均水平。

(二) 非教学工作负担对整体职业负担贡献较大

TALIS—2013 与 TALIS—2018 数据均显示,俄罗斯教师工作量高于 OECD 平均水平,其中只有一半左右的时间真正用于教学,且俄罗斯教师花在行政工作

---

① Pinskaya M A, Lenskaya E A, Ponomareva A A. What Did We Learn About Our Teachers and Principals? Results of the TALIS‐2013 International Comparative Study [J]. Russian Education & Society, 2016,58(7‐8):491‐510.

上的时间也超过了 OECD 平均水平。可见非教学工作量侵占了教师大量时间和精力,影响了教学工作效率。

(三) 职业负担感随教育改革深入不断加重

根据俄罗斯联邦总统国民经济和行政学院(РАНХиГС)下属联邦教育发展研究所(ФИРО)2019 年调查结果显示,有 40% 的教育工作者和教育专家的抗压水平较低,另有 44% 为混合型抵抗心态,只有 16% 的教师表示对自己能解决工作中遇到的困难充满信心。其中,新联邦州教育标准的修订是教师职业负担的重大来源之一,有 77% 的教师表示很难适应新变化。

(四) 职业压力感低于职业负担感

TALIS—2018 首次对于教师职业压力情况进行了专题调查。报告数据显示,从国际平均水平来看,调查所监测到的受访俄罗斯教师职业压力水平并不算高。共有 18% 的俄罗斯教师表示他们在一定程度上存在工作压力。这一数值要比所有参加 TALIS—2018 国家(地区)的平均水平(45%)低 2.5 倍。仅有低于 5% 的教师认为自己在日常工作中感受到巨大压力,而国际平均水平为 20%;有超过 20% 的教师在工作中"没有感到任何压力",相较国际平均水平高出大约 10 个百分点。在讨论职业压力问题时,俄罗斯教师表示,他们中的大多数(53%)没有感觉到工作对他们的心理情绪健康有明显的负面影响,31% 的教师完全没有注意到这种影响。身体状态的情况亦呈现出相似的特征。

但结合关于教师工作时长、非教学工作量和薪酬水平等职业人力资本相关的国际比较研究结果可以判断,俄罗斯教师的客观工作量在 OECD 国家中相对较大,并且面临薪资水平、工作条件不理想等其他现实条件问题。横向国际视角下,俄罗斯教师客观面临的工作负担量高于国际平均水平,即职业负担感较强;然而对教师本人的职业压力主观自我评估结果进行分析,却发现俄罗斯教师的职业压力感知却相对较弱。结合俄罗斯学者对于教师压力随时间推移呈上升趋势的纵向分析结果,高教师负担所可能诱发的压力趋势成为政策与学界关注的问题。

三、俄罗斯教师负担原因分析

俄罗斯教师负担问题究其原因可以归纳为与教师工作本身相关的表层基本因素和与政策、经济、社会文化相关的深层原因。

(一) 基本因素：TALIS 调查的职业压力结果揭示教师负担的直接来源

职业压力作为职业负担所导致结果的一部分，对于负担的理解起着重要作用。根据 TALIS—2018 报告对于教师职业压力的调查结果显示，在俄罗斯，仅不到 3% 的教师认为压力来源于不同学校之间的差异。可以看出教师职业压力的来源并不尽如常规预设的学校差异，而是更多地来自不同的教师个体对于不同事件的反应。俄罗斯教师的压力主要来自三个方面：(1)需要满足俄罗斯联邦教育部和地方教育当局不断变化的要求(46%)；(2)对学生的教育成就有责任感(40%)；(3)行政工作过多(39%)。从 OECD 国家平均数据来看，这三大压力源也是构成教师负担问题的普遍原因①。

TALIS—2018 中参与调研的大多数教师对公共当局的要求感到不确定，这不仅反映出对教育发展重要性的广泛认识，而且强调了在提供高质量的学校教育问题上缺乏一个普遍的解决方案。解决工作压力的问题在于解决教师期望和现有资源之间的矛盾，而发展专业技能和教师个人能力被认为是对现有资源最有效的利用。

(二) 深层原因 1：教育变革过程所带来的心理调适负担感的增加

教师职业负担和教育政策创新过程之间的关系问题是俄罗斯教育领域的热议话题。俄罗斯在教育大变革中对教师提出的新要求、教师需要适应的新变化以及这些变化给教师带来的心理负担无不牵动学界关注。

---

① OECD. TALIS 2018 Results（Volume II）：Teachers and School Leaders as Valued Professionals［EB/OL］. TALIS，Paris：OECD Publishing.

教育相关的系列重要法律法规对于教师问题起到重要的指导作用。2012 年 12 月 29 日,《俄罗斯联邦教育法》作为俄联邦教育系统运行依据的基本法律经总统普京签发后颁布,强化了俄罗斯教育优先发展的战略地位。随后不久,作为与《2020 年前俄罗斯联邦社会经济长期发展构想》相配套的具体指导性政策文本,《俄罗斯联邦 2013—2020 年国家教育发展纲要》应运而生。2008 年以来,俄罗斯密集出台了许多关于教育的法律法规,指导了俄联邦教育现代化的全面发展,为提高教育质量提供了法律保障①。可以看出,政府重视教育改革,出台一系列法律法规以推动俄罗斯教育制度的发展。但在一定程度上,新政带来新规,新趋势意味着新挑战,进而对教师队伍提出新的要求。在这样的政策背景下,教师职业教育培训质量与效率又有不足,缺乏共同体的支持,加速教师职业负担问题的生发。

除此之外,俄罗斯教师队伍的组织结构也深化了这种矛盾。根据 TALIS—2018 调查结果,教学经验较丰富、教学年限较长的教师反而面临更大的职业压力。俄罗斯联邦州教育标准为了顺应国际主流教育趋势,近年来对教育过程的个性化和形成性评价做出了一定的要求,但俄罗斯教师在教学评价上多采用以标准化考试为导向的终结性评价形式。可能由于俄罗斯教师队伍的年龄层次偏高,教学习惯和教学风格相对比较成型和稳定,这可能是难以适应教育变革的重要原因。最新工资制度还规定,工资不再是定额,而是随着工作时间而浮动的变量,对教师的工作时长提出了更高的要求。对于较为年长的教师来说要取得原报酬所面临的竞争令其更加力不从心。可以说,俄罗斯教师的工作资历越久,职业负担所导致的倦怠风险就越高②。

(三) 深层原因 2:薪酬待遇问题引发的工作负担感提升

在"优先发展教育"这一世界大趋势中,教育兴则国家强的理念已经得到俄

---

① 黄翔.法典化进程中的俄罗斯教育立法[J].湖南师范大学教育科学学报,2022,21(1):57—66.

② Белов В. Г. , Парфенов Ю. А. , Парфенов С. А. , Бояр Н. Л. , Титова О. А. Взаимосвязь профессионального стресса с возрастом, стажем и полом педагогов. [J]//Ученые записки университета им. П. Ф. Лесгафта. - 2018. -№ 3(157). - С. 349 - 352.

罗斯政府的高度认可和有力落实,政府也力求使教育的发展能够成为提升国家竞争力的有效途径。TALIS 调查结果显示,教师的社会价值感和对工资的满意度在 TALIS 国家和经济体中呈现出正相关的关系。然而在俄罗斯,教师没有得到与其付出的劳动相匹配的薪资报酬,从而容易对自身职业的社会价值产生不自信感,进而造成心理压力,形成职业负担。

　　沙茨的研究表明,职业负担虽然与教师所在的组织,与教育过程中包括学生、同事、领导等所有参与者的互动以及专业培训有关,但教育财政投入、教师的薪酬待遇是亟待解决的更为重要的问题①。全俄联合教育工会作为国家调节教师队伍的重要力量非常关注俄罗斯教师薪酬待遇状况。事实上,2019 年俄罗斯的教师月平均工资为 41 100 卢布(约折合为 3 700 人民币),在俄罗斯的 85 个地区中有 65 个地区的学校教师工资低于全国平均水平。98% 的俄罗斯教师认为,退休后国家支付的退休金不足以弥补收入损失及维持正常生活水平。

　　为了消除区域间同工不同酬现象,建立统一的薪酬制度标准,教育部根据教师资格启动了一个统一的教师工资计算模型化方法,使薪酬系统更加透明②。新的薪酬制度理论上兼顾了质量和效率,更为公平,但在实践中不免受到官僚主义残余的影响,一定程度上深化了社会矛盾,对普通教师工作质量间接产生负面影响。此外,新制度激励的不是教学质量,而是工作时长总量,使得形式上的工资提高仅来自于包括文书工作等形式主义有偿工作时间的增加。这反而令教师更容易卷入焦虑情绪和沉重负担之中③。赫万的研究表明,教师职业压力形成的原因部分直接源于内在性格和外在工作条件的劳动负担,教师的工作必须按性质

---

① Шац И. К. Психологические способы управления профессиональным стрессом педагогов. [J]//Вестник Ленинградского государственного университета им. А. С. Пушкина. 2015. № 1. С. 18 - 27.

② 肖甦,刘楠. 俄罗斯中小学教师新工资制度改革:原因、内容及实施保障[J]. 比较教育研究,2012,34(8):8—13.

③ Клячко Т Л,Токарева Г С. Заработная плата учителей: ожидания и достигнутые результаты [J]. Вопросы образования,2017(4),199 - 216.

和负荷进行配给①。统一的联邦工资标准只考虑到课程数量、每班学生人数、课堂指导工资和教师职业资格,而教师所有其他工作报酬都是根据地方政府的能力和意愿配给和支付的。这种不尽合理的薪酬体系辅助形成了教师的极度负荷水平。高工作量、缺乏合理的工作和休息制度、劳动投入与报酬之间的不平衡等不利条件使较多俄罗斯教师陷入亚健康状况。

(四) 深层原因 3:社会变迁过程中教师职业身份认同改变

从 2003 年加入博洛尼亚进程到近期被 QS 大学排名除名后的有意退场,不仅反映出俄罗斯本身正在面临的认同问题,也意味着俄罗斯教育体系正在经历重大变化。从沙俄到苏联模式的推翻再重建,从苏联初期到苏联后期的调整与变革,再从苏联解体到新俄罗斯独立的传承和创新,教育制度的重大变革融于国家模式的起伏探索之中。俄罗斯正在面临的以及将面临的挑战势必将更加严峻:西或是东、传统或是求新的二元对立将持续困扰着俄罗斯的教育治理决策。在动荡失衡的背景下可能引发的社会经济危机也可能进一步深化教师职业负担问题。

根据全俄罗斯民意研究中心的调查数据,2017 年,民众对教师地位的评分为 2.86 分(5 分制),42%的受访者表示教师职业在近期变得不太受尊重。俄罗斯科学院联邦研究社会学中心的研究结果也显示了教师职业的吸引力在国内纵向水平上呈负面趋势,从 20 世纪 60 年代的高吸引力到 2013 年下降到低于平均水平。这导致了俄罗斯教师自身对于其职业角色和社会定位认同感的降低。

TALIS—2018 调查报告以教师本人的视角出发看待教师职业的社会价值,这一调查在一定程度上投射出教师的职业自信和满意程度,反映了教师职业的

---

① Хван А А. Труд, утомление и здоровье учителя: результаты исследования [J]. Народное образование,2015,10(1453).

吸引力与认同感。结果显示,俄罗斯在国际水平前 20% 左右,但是仅从俄罗斯自身历史数据纵向来看,受调查的俄罗斯教师中,认为自身职业利大于弊的人数从TALIS—2013 的四分之三下降到了 TALIS—2018 的三分之二。王中奎、张民选指出,在俄罗斯,象征社群中个体对延迟其物质情感等社会需求接受程度的长期导向指数高,并且放纵享乐指数得分较低,两者协同作用造成了其教师工作满意度较低的事实[①]。

从历史延承的角度剖析,苏联时期教师一职被赋予浓烈的"知识分子"意味:其职能重在培育"好公民",实现全人教育,教师更倾向于将自己的职业认同为一种天职[②]。后苏维埃社会转型期间,教师被迫成为向下流动的社会人口类别之一,其职业身份随之发生了变化。虽然教师在受教育程度和资质方面可以被归类为中产阶级,但限于工资水平以及自我认同、幸福感和职业满意度问题,他们很难与该社会阶层产生认同和归属。目前,俄罗斯学界将教师这一社会职业群体认定为"需要评估、纠正的行为者,需要产生影响的对象"[③],这也是当下一系列教师政策改革的动机之一。

(五) 深层原因 4:新自由主义对本国教育传统价值的冲击

教育可以被比作放大镜,因其能够在一个更大的范围内反映出社会发展过程的积极和消极方面,使其一目了然。普京时代,俄罗斯社会基本盘呈现出从旧制度中解放的新趋势,使得教育有空间成为实现国家政治稳定、经济发展、保障国家安全、实现个人价值的手段之一。俄罗斯正处于教育现代化的征程之中,教师作为教育领域的一线实践者以及最受关注的职业类型之一,其面临的职业负担水平与其通过对实际情境的切身体验所感知到的职业压力能够在一定程度上

---

① 王中奎,张民选. 教师工作满意度国际比较:差异、原因与对策——基于 TALIS 数据的实证分析[J]. 比较教育学报,2020,325(1):86—104.

② Rean A A, Baranov A A. Factors in Teachers' Tolerance of Stress [J]. Russian Education and Society,1998,40(5):52-68.

③ Колесникова Е. Образ профессионального учительского сообщества в британских и российских СМИ [J]. Профессии социального государства,2013,С. 223-249.

反映俄罗斯教师队伍，甚至是教育领域整体面临的机遇和挑战。

新自由主义教育观所带来的教育商品化和市场化观念进入俄罗斯社会场域与其传统教育观碰撞，一定程度上降低了教师的社会地位和职业认同感，进而产生负担感。消化处理这些张力的思想趋势贯穿在21世纪以来俄罗斯教育相关政策法令的制定中。在俄罗斯教育相关法律的修订进程中，部分俄罗斯国内研究人员与教师代表提出反对将教师工作等同"服务"的描述，对从工业、企业的原则看待教师待遇问题提出抗议。最终在2021年8月召开的国务院普通教育主席团会议上，普京指示修改立法，禁止在除财政文件外的官方法规文本中将教师劳动与"服务"一词挂钩。俄联邦教育部部长谢尔盖·克拉夫佐夫赞同这一观点，并提出形容教师工作最恰当的词是"召唤"和"使命"。事实上，普京在代表国家决策层出席重要场合时，正是用"崇高使命"来描述教师工作的。

国家首脑对于在官方文本中将教师工作的描述性概括从"服务"改为"使命"的强调，一定程度上可以理解为国家层面对于教师声音的理解和接受、上传下达通路实施的有效体现，同时反映了俄罗斯对于教师职业道德形象的正面引导和教师社会地位的积极宣传与重视，具有一定价值导向上的积极意义；但不免有对教师的工作与付出进行道德绑架，实际并没有从根本上解决当下教师面临有限职业资本问题的核心矛盾之嫌。在教师职业理解上偏向于沿袭传统，但是暂未根据教师角色随社会发展不可避免产生的变化而找到相应对策。

四、结语

教师负担问题作为全球各国政府都在面临的挑战，近年来受到学界广泛关注，俄罗斯作为教育大国也不例外。在观察到自身国内教师队伍面临的挑战以及在国际教育思潮与国内教育传统之间发生摩擦的语境下不断加重的负担问题后，俄罗斯积极寻找对策，政策层面用教育创新跟进国际理念，经济层面增加教

育财政投入,思想层面提高教师社会地位,实践层面建构教师抗压环境。通过对俄罗斯教师负担的具体分析评述,主要有以下发现:

(一) 共性特征:负担主要重在"非教学工作"和政策的不稳定性

教师职业负担问题本身具有国际共性。从形成原因来看,世界多数国家的教师职业负担来源主要集中于与教育教学无关的行政文书工作上,俄罗斯尤甚。因此,通过减少与教学任务非直接相关的工作量应该成为教师减负增效的基本思路。

在全球化与逆全球化的背景下,各国都面临着面对全球化与民族国家的张力,其在国际教育思潮与国内教育传统之间探究摸索的经验对于比较教育研究有重大意义。教育政策的革新势必是新的导向,带来新的机遇,但与此同时向下造成的不断变化的工作任务和教学要求给教师带来的过重的心理调适成本也成为了国际教师负担问题的一大诱因。

(二) 不同原因:社会经济文化深层因素引发的薪资待遇与社会地位问题

在教师职业负担这样一个国际共性问题中,各国教师负担表征与其内在因素又不免有所差异。作为在行政管理领域具有深厚集权传统的俄罗斯,在21世纪以来的教育法修订中能看到其试图冲破惯性,渐而转向发展国家—社会公共管理模式,改革教育管理制度。这一系列修订既有对先前百年来俄罗斯民族文化的审视,又有以新思来更新俄罗斯民族传统文化的合力。正处探索期的俄罗斯内部的经济问题反映在教育领域呈现决策层重视教育战略、尊重教师地位,但财政拨款力不从心、教师职业认同感和满意度下降的情形。而教师作为职业的一种,可以看作个人从事的服务与社会各个方面之间的联结。如果教师在职业中没有获得合理心理预期内的物质待遇和社会资本,则不利于保障其高效健康的工作状态,不利于提高教师队伍教育教学质量,进而影响整体基础教育质量。

(三) 负担感与压力感的矛盾：从政策到实践的效应仍待检验

即使在充满国际主流与民族传统张力的教育生存困境下,俄罗斯教师职业压力感在国际横向比较中也呈现出了貌似有悖常理却令人欣慰的结果。结合教师职业负担以及历史文化相关的文献材料分析,俄罗斯教师的职业压力感和职业负担感所呈现出的微妙关系似乎可以通过其历史传统中对于心理压力感知的重视略作解释。作为回应教师负担问题的对策之一,专业心理疏导服务被赋予了重要价值。俄罗斯联邦科学与高等教育部对此提出了一系列要求:在教育机构中创造一个有益于健康的环境;不应通过额外专业活动使教师负担过重;提高教师个体抗压水平,掌握有效的应对策略和放松技巧等。实践层面强调监测教师身心健康的必要性,以辅导中心的形式提供专业心理服务支持,将抗压训练纳入教师培训课程中。俄罗斯对于教师职业负担的关注及其政策与实践的成效也需要后期持续跟进研究。

第三节　英国教师负担情况与治理政策

英国是意识到教师负担问题并展开相应调研和行动的代表性国家,同时也是较早探索减轻教师负担的政策体系的国家。早在 2002 年,当时的英国学校质量司司长(Schools Standards Minister)史蒂芬·蒂姆斯(Stephen Timms)就曾宣布对英国 32 所试点学校实施为期一年的"教师减负工程";同年 9 月,教育部发表教育白皮书《学校:取得成功》(Schools——Achieving Success),文件表明教师是提高学校质量的最大贡献者,并委托第三方机构普华永道(Pricewaterhouse Coppers, PwC)进行历时八个月、覆盖 100 多所学校的实地走访、考察和调研,形成了《教师工作负担研究最终报告》①。英国教育大臣埃斯特尔·莫里斯(Estelle Morris)曾经在英国的三个重要会议:2001 年 5 月 4 日全国校长协会会议

---

① 范冰.英国学校改革新举措——"教师减负"工程[J].外国教育研究,2003(06):54-57.

(National Association of Head teachers conference)①、2002 年 3 月 15 学校协会和学院领导人会议(Association of Schools and College Leaders conference)②、国家治理协会会议(National Governance Association conference)③上,提及消除教师不必要的工作负担的重要性④。

一、英国教师负担状况

(一) 来自 TALIS 的警示

英国教育部对教师负担的担忧,很大程度得到了 TALIS 数据的验证。

TALIS—2013 数据表明英国教师的工作时间要远高于国际水平⑤,英国教师的平均每周工作时间为 45.9 小时,而国际平均水平为 38.3 小时,这意味着英国教师的工作时间比国际平均水平高出约 26%;在这 45.9 小时的工作时间中,英国教师在教室里教学的时间占比为 19.6 小时。相较之下,国际平均教学时间为 19.3 小时。这表明英国教师在教学方面的工作时间与其他国家相差不大;在非教学任务(如备课、批改作业、行政工作等)上的投入时间较高,平均为 26.3 小时。这与国际平均水平的 19 小时相比,高出约 38.4%。

TALIS—2018 数据再次表明英国小学和初中教师的工作时间均高于平均值⑥,英国小学教师每周的平均工作时间为 49.9 小时,而参与调查的各国平均工作时间为 39.1 小时。同样,在初中阶段,英国教师每周平均工作时间为 46.9 小时,高于参与调查国家的平均水平(38.3 小时)。

---

① UK Government: Green light given to performance pay for teachers, M2 Presswire, 02/2001.
② Kingston, Peter, Education: Further: Pay gap: Clarke's challenge: FE waits to see how Morris's 11th hour successor will tackle reform, The Guardian (London), 2002.10.29, 41.
③ Schools urged to cut cost of uniforms, The Guardian (London), 2022.2.28.
④ Teaching unions behaving badly:1ST Edition,Daily mail (London, England), 2000.4.25.
⑤ OECD. TALIS 2013 Results [M]. 2014:440.
⑥ OECD. TALIS 2018 Results (Volume I)[M]. 2019:220.

表 2-1 TALIS—2013、TALIS—2018 英国初中教师的周工作量

	问题:教师报告在最近一个完整的工作周内,在以下活动上花费的平均小时数(以下数据单位为小时)											
	周工作时长	教学	备课	与学校同事对话合作	批改作业	学生辅导	参与学校管理	一般行政工作	专业发展活动	与家长沟通合作	参加课外活动	其他
英国(2013)	45.9	19.6	7.8	3.3	6.1	1.7	2.2	4.0	/	1.6	2.2	2.3
TALIS—2013均值	38.3	19.3	7.1	2.9	4.9	2.2	1.6	2.9	/	1.6	2.1	2.0
英国(2018)	46.9	20.1	7.4	3.0	6.2	2.5	2.0	3.8	1.0	1.5	1.7	2.2
TALIS—2018均值	38.3	20.3	6.8	2.8	4.5	2.4	1.6	2.7	2.0	1.6	1.9	2.1

资料来源:根据 TALIS—2013、TALIS—2018 数据整理

(二) 来自英国教育部自己的调查

英国教育部针对本国教师的工作负担也展开了一系列调研。2016 年教师工作负担调查[①](Teacher Workload Survey 2016)揭示了教师工作量在 2010 年至 2016 年间有所上升。2010 年英国全职教师的平均工作时间为 48.2 小时/周,而到 2016 年,这一数字已上升至 50.9 小时/周。在批改作业和准备课程方面,2016 年,英国教师每周平均花费 17.4 个小时批改作业,比 2010 年增加了 4.2 个小时;同时,教师们每周平均花费 19.3 个小时备课,比 2010 年增加了 2.7 个小时。在行政工作上,2016 年,英国教师每周平均花费 10.5 个小时进行行政工作,比 2010 年增加了 1.1 个小时。总体而言,2016 年,英国教师每周平均花费 35.7 个小时在非教学活动上,比 2010 年增加了 3.6 个小时。这种上升趋势可能受到多种因素的影响,例如课程改革、评估标准的调整、教育政策变动以及学生人数的增长。

---

① Department for Education, Teacher Workload Survey 2016.

英国教师负担较重与其离职率居高不下、师资短缺日益凸显等问题紧密相关。教师减负引起了政策制定者和专业人士的关注。英国教育部近年来致力于减轻教师的工作负担，为了使教师能够专注于教学，采取了一系列行动，颁布了相应的行动计划指南和研究报告。

二、英国教育部针对教师工作负担的调查研究

意识到教师负担沉重的事实，英国教育部对教师负担开展了一系列调查研究，以厘清教师工作量的真实情况，梳理教师负担来源，探索教师减负的政策路径。笔者梳理了英国教育部近年来与教师减负密切相关的研究报告，见表2-2。

表2-2 英国教育部近年来与"教师减负"相关的研究报告

时间	调研名称	文件内容
2019	2019教师工作负担调查① (Teacher workload survey 2019)	针对教师、中层领导和高层领导的全国抽样调查；是全国教师工作现状的晴雨表；是教育部制定教师减负政策的基础
2018	探索教师的工作负担：质性研究② (Exploring teacher workload：qualitative research)	对2016年教师工作负担调查中的受访者进行后续的跟踪调查及深度访谈报告，以了解他们的工作量
2018	规划面向教师减负的专业发展③ (Mapping professional development for reducing teacher workload)	如何利用专业发展支持来减少教师工作负担
2018	支持职初期教师：减少教师负担④ (Supporting early career teachers: reducing teacher workload)	旨在为新手教师提供教师减负相关的建议并提供支持

---

① Department for Education, Teacher workload survey 2019, Octuber 2019.
② Department for Education, Exploring teacher workload qualitative research, March 2018.
③ Department for Education, Mapping professional development for reducing teacher workload, March 2018.
④ Department for Education, Reducing workload: supporting teachers in the early stages of their career, March 2019.

时间	调研名称	文件内容
2016	2016 教师工作负担调查① (Teacher workload survey 2016)	3 186 名教师参与调查,旨在研究教师的工作负担如何因角色而异? 工作负担在职位和教学经验水平上如何随时间变化等问题
2016	教师呼声综合调查② (Teacher voice omnibus Survey)	涵盖课程改革、教师工作量、专业发展、特殊教育等领域
2014	工作量挑战 (The workload challenge)	旨在找出教师工作负担过重的原因以及如何减少工作负担的对策

资料来源:根据英国教育部官网(https://www. gov. uk)信息整理

英国教育部近年来颁布的这一系列政策、行动指南及研究报告揭示,英国教育部将教师负担治理工作聚焦于教师负担中的"无用"负担或"无效"负担,在厘清其基本特征和主要成因的基础上开展教师减负工作。

2014 年 10 月,时任英国教育大臣的尼基·摩根(Nicky Morgan)发起了面向教师的"工作量挑战"(Workload Challenge)③大型调查,旨在找出教师工作量过大的原因以及如何减轻工作负担的对策。该项调查共有 44 000 多名教师自愿参与,其中包括新入职教师和工作了几十年的老教师。调查组利用定性编码和描述性分析的研究方法对收集到的数据进行分析。

数据显示,教师每天必须在学校里开展如记录并持续追踪学生学习成绩的任务是教师教学工作中必要且重要的一部分,但对于这类文件的繁杂的细节要求和重复提交任务则成为了教师的工作负担。调研结果将教师工作任务细分为了七类:观察、记录、追踪和分析学生的相关数据;批改作业;课程计划和每周教学计划;教师会议;教学进度反馈;教学目标完成度;学校新举措④。

---

① Department for Education, Teacher Workload Survey 2016.
② Department for Education, Teacher Voice Omnibus Survey: Research report, July 2017.
③ Department for Education, Teacher Workload Survey 2016: Research brief, February 2017.
④ Department for Education, Government response to the Workload Challenge, February 2015.

参与调查的教师并未指明上述任务是不必要的,63%的受访者认为过多的细节要求产生了额外的工作量,41%的受访者提到了官僚主义和形式主义色彩严重。例如教师批改学生作业被要求用几种不同颜色的笔;对于低学段阅读能力差的学生,教师被要求每日在作业本中写下详细的评语以便家长知晓;在给学生做出口头反馈时要录音等。这些原本有利于提升教学质量的措施却由于各种各样的实施要求,主要是细节过多和重复工作量大这两个因素,增加了教师不必要的工作负担[①]。

教师提到最多的无效工作来源于学校行政和管理范畴,包括问责制、课程计划,教学评估和管理等,其中最为繁琐也是最常见的工作包括记录和分析学生的相关数据,基本的行政工作以及维持班级纪律。比如,有受访者提到"我们有超过1 000名学生参加 A-Level[②] 或者 GCSE 考试[③]。我们需要为每个学生填写每门 A-Level 课程的成绩等级和最终成绩总结表,这非常耗时……除此以外,我们还需要对这些考试进行监考,这也增加了工作量"。图 2-2 详细地列出了所有受访教师提到的工作任务类型及所占比例。

这一调查清晰地揭示了,英国沉重的教师负担不仅来源于过多的工作量和过长的工作时间,对教师所有工作负担进行细化归类可知,教师的无用或无效工作主要来自非教学任务,而数据管理、标记和计划的制定是占比最高的三大无效工作任务。同时,来自英国教育标准局(Office for Standards in Education,简称Ofsted)问责制的压力,学校领导指定的任务,国家、地方及学校层面的政策变化是教师工作负担沉重的重要影响因素。

---

① Department for Education, Workload Challenge: Analysis of teacher consultation responses, February 2015.

② A-Level 考试,全称为 GCE A-Level,是英国的大学先修课程,主要为准备申请进入大学学习而设置的课程和考试。该考试通常在高中阶段的最后两年进行,一般需要学习 3—4 门课程,每门课程会有多个模块和终结性考试。

③ GCSE 考试,全称为 General Certificate of Secondary Education,是英国中学阶段的国家课程考试。该考试通常在高中阶段的前两年进行,一般需要学习 8—10 门课程,其考试结果将决定学生能否继续在 A-Level 阶段学习相应科目。A-Level 和 GCSE 是英国高中阶段的两个重要考试。

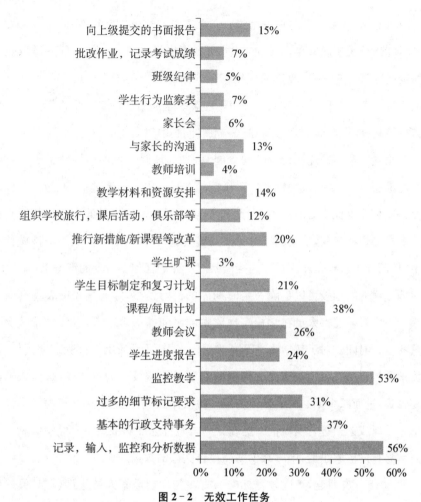

图 2 - 2　无效工作任务

资料来源：Government response to the Workload Challenge

三、英国教师减负的政策行动

针对 2014 年调查报告中的问题，英国教育部提出了一系列改革方案。

首先是设立教师工作量审查小组（Workload Advisory Group）。2015 年，英国教育大臣摩根宣布成立三个新的工作量审查小组①：数据管理审查小组，政策

① Department for Education, Workload advisory group: terms of reference, 4 May 2018.

制定审查小组,规划和资源审查小组。三个审查小组分别针对教师、学校领导和管理机构出具关于教师工作量的工作报告,报告要概述每个领域的问题以及相应对策的建议,作为现行政策的证据基础。跟踪教师的工作量成为一项非常重要的研究任务。英国教育部承诺每两年在春季学期对教师工作量进行一次大规模调查,以便随着时间的推移追踪这一重要问题的发展。

其次是改革并简化问责制。问责制具有"高风险",可能会导致学校"镀金"和过度准备,从而导致教师额外的工作负担。12%的受访者建议,英国教育标准局要为监察要求提供更清晰的指标,作为减少不必要工作量的方法。英国教育标准局接受这些建议,从英国教育标准局监察员具体应该做什么、不应该做什么入手,从而减少学校工作人员在迎接监察时所做的任何不必要的准备工作。

部分优秀的学校可以免除一定时期内的例行监察,除非学校的表现有所下降或受到投诉。监察人员在学校实地监察的时间缩短至一天,以便学校减少工作量和准备时间。对于教学水平不高的学校来说,还需要继续接受定期监控,直到教学质量有所改善。改革简化问责制有利于尊重校长的自主权,减少数据的重复收集,进而减少不必要的工作负担。除法律法规要求,不在学年内对学校监察指导手册或框架进行实质性的更改。英国教育标准局根据监察经验编制一本更简单易行的监察手册,同时减少书面报告文件的数量。

从2015年9月起,英国教育标准局直接与学校监察人员签订合同,更好地控制监察队伍人员的质量,并在出现问题时及时解决,进一步提高学校监察的质量和一致性。如果有证据表明监察人员没有遵守指导意见,英国教育标准局将对监察人员采取相应行动。经过几年的探索,英国教育标准局于2019年1月发布了《教育监察框架》(*Education Inspection Framework*)[①]。

然后是避免频繁的教学改革。近年来英国进行了重要的教育改革,目的是提高教育质量,为孩子们提供最好的教育机会。然而,在改革进程中,学校领导

---

① Department for Education. (2019). Education Inspection Framework, https://www.gov.uk/government/collections/education-inspection-framework.

和教师不得不快速适应改革措施,并在学校中引入新的工作方式。根据教师的反馈,学校期望能有更多的时间为大规模改革做准备:22％的受访者表示,减少课程、任职资格和评估改革的频率将有助于减少不必要的工作量。他们还表示,任何传达给学校的有关他们需要做什么的信息都应该清晰、准确并及时。在教育政策制定的过程中应考虑到这一点并确保学校有足够的时间有效地实施政策,从而对学生的学业成就产生最佳影响。

就此问题,英国教育部要求在推行问责制、进行课程的重大改革时,设置最少一年的准备时间。举例来说,如果教育部公布学科内容的变化,英国资格及考试监督办公室将在首次教学前至少一年公布相关具体要求。同时英国教育部做出承诺,在学年期间或者课程进行到一半时,不对课程设置作出实质性的改变,以免影响学生获得资格证书。在进行重大政策变更时更多地考虑对学校的影响,考虑对教师工作量的影响,这有利于维持教学的稳定性,减少教师不必要的工作负担。

最后,是加强资源共享与数据管理系统建设。英国教育部收集各类优秀教学案例并公开发布,使一线教师能够接触到最新的思想,获得需要的资料。这些案例并不是"最佳实践",而是为了使校长和教师了解其他学校的情况,并讨论如何在他们自己的环境中实施这些想法。教育部倡导基于证据的教学,并向教育捐赠基金会(Education Endowment Foundation, EEF)投资1.35亿英镑,基金会利用这笔资金,通过对学校和教学实践进行研究和评估,为教育决策者和教师提供证据,帮助他们更有效地改进教学实践。管理儿童成绩和进步数据是学校工作的一个重要组成部分。然而,许多受访教师表示,他们所在学校的数据录入和管理方式是繁重的,在很多情况下是不必要的。他们花费数小时记录多个方案的数据,再分析数据,并必须以不同的方式向不同的受众进行报告。大部分(56％)受访者表示,记录、输入、监察及分析数据是一项繁重的工作,25％的受访者建议减少输入及分析数据的需要,以减少不必要的工作负担。因此,就什么数据是必要的、学校内部需要哪些数据以及如何使用这些数据达成共识十分必要。英国教育部成立数据管理小组,与教师和其他相关人士合作制定有效的校内数据管理原则,包括如何监控学生的学习进度。

教育部正在研究如何从学校和地方当局收集信息,以及如何在学校和其他教育机构之间传输数据。教育、技能和儿童服务信息标准委员会(Information Standards Board for education, skills and children's services [escs], ISB)正在为教育部门制定标准化的数据定义,以使数据更易于使用,并减少为不同目的重复输入数据,同时确保数据收集系统的现代性和灵活性。英国教育部正在研究如何减少数据集合可能产生的管理负担,使数据能够以最小的努力发送到需要的地方,克服在教育中有效利用技术的障碍①。调研结果表明,教师的信息素养会对工作量产生巨大影响,数据系统可以让教师"输入一次数据并多次使用",计算机程序可以帮助跟踪学生的学习进度或给考试打分。技术小组给出了包括如何发展基础设施,使教师能够有效利用技术,获得高质量的专业培训,以及技术将对教学评估和问责制产生的影响等建议。

在上述政策的综合干预下,英国教师的工作负担得到了有效控制。根据面向 7 000 多名教师、学校中层领导和高层领导的《2019 年教师工作负担调查》的结果,教师和中层领导在 2019 年的每周平均工作时间为 49.5 小时,相比于 2016 年减少了 4.9 小时。减少的原因在于课堂外非教学任务的时间被减少了,主要是减少了标记、规划和非教学任务的时间,而教学时间基本保持稳定。具体来说,小学老师和中层领导每周周末和晚上的平均工作时间为 12.5 小时,比以前减少了 5.0 小时;中学老师的平均课外时间为 13.1 小时,比以前减少了 3.8 小时。

四、对我国的启示

以上梳理了英国教师减负的政策与实践基础,揭示了英国语境下中小学教师"无用"或"无效"负担主要来源于过多的工作量(包括非教学性任务、数据管理、标记和计划的制定等)和过长的工作时间。同时,来自英国教育标准局问责

---

① Department for Digital, Culture, Media & Sport, 13 June 2022.

制的压力、学校领导指定的任务和国家、地方及学校层面的政策变化是教师工作负担沉重的重要影响因素。当前英国教育部为基础教育教师减负的主要举措，有设立工作量审查小组、改革并简化问责制、避免频繁的教学改革、设立资源共享与数据管理系统等四大方面，相应地，这些经验对我国的启发在于：

（一）细分教师工作任务类型，明确"无效"或"无用"的工作负担

我国教师的"无用"或"无效"负担也已经纳入到政府的关注中。2019 年 1 月，时任部长陈宝生在全国教育工作会议上明确指出"全面清理和规范进学校的各类检查、考核、评比活动，实行目录清单制度，未列入清单或未经批准的不准开展，要把教师从'表叔''表哥'中解脱出来，更不能随意给学校和教师搞摊派"；2019 年 12 月，中共中央办公厅、国务院办公厅印发《关于减轻中小学教师负担进一步营造教育教学良好环境的若干意见》明确地指出，目前教师特别是中小学教师还存在负担较重的问题，主要表现是：各种督查检查评比考核等事项名目多、频率高；各类调研、统计、信息采集等活动交叉重复，有的布置随意；一些地方和部门在落实安全稳定、扫黑除恶、创优评先等工作时，经常向学校和教师摊派任务。这极大地干扰了学校正常的教育教学秩序，给教师增加了额外的负担。

那么，英国政府在清理"无用""无效"负担的政策行动中值得我们借鉴的是什么呢？笔者认为是，英国政府不是一次性出台一次清理行动，而是为教师负担建立了一个定期监测和追踪机制。英国教育部近年来每两年会在全国范围内进行一次大规模的教师工作量调查，在长期的追踪过程中跟踪教师的工作时间和工作量的分配，制定教师工作量工具包，以明确哪些属于不必要的工作负担，在此基础上采取相应措施进行教师减负。

我国是否有可能也建立这样的教师负担监测机制？即在教育部领导下，成立专门的教师工作量调查小组，设计开发一套科学的教师工作量评估和测量工具，通过问卷、访谈等实证研究方法聚焦教师每周工作时间的分配，细化教师工作量的具体构成，列出教师每项工作任务的占比及成效，编制教师工作量查询手册，制定教师工作量工具包。同时在全国不同区域、定点学校选取监测点，定期

开展教师工作量的调查研究,定期出具教师负担监测报告,为教育部制订教师减负政策提供证据,也为减负政策的实施成效提供科学的评估,真正服务于高质量教师队伍建设。

(二)建立教学资源共享平台,减少重复劳动

教师最重要的工作是育人,其中包括了很多具体的工作,如搜索各种教学资源,备课磨课,撰写课程计划,规划课程体系,记录学生学习情况。教师花费了大量时间在完成这些任务上,同时必须应对各种不同形式的报告。英国政府致力于推动英国教育部收集各类优秀教学案例并公开发布。在这方面,我国已经建立了"国家智慧教育公共服务平台",该平台是由中国教育部主导建设的国家级教育信息化公共服务平台,旨在促进教育信息化和教育现代化的深度融合,提升教育教学质量和效率,推动教育公平和可持续发展。目前网站内课程资源覆盖中小学教育、职业教育、高等教育等不同阶段的学习内容,作为一个庞大的教学资源库,其不仅提供了丰富的教育教学资源和在线学习服务,还提供了多样的教学管理工具。在现有的功能基础上,该平台还可设置教学研究与交流板块,包括教育论坛、教育博客、在线讲座等,提供交流和分享教学经验的平台;并完善在线学习服务,支持教师完成在线课程、在线考试、在线作业、在线讨论等行动。随着国家智慧教育公共服务平台逐步发挥作用,相信它能够为教师专业赋能和减负提供强大保障。

(三)培养教师数据素养,提升教师应对智能时代教学挑战的能力

英国教育部通过教育、技能和儿童服务信息标准委员会制定标准化的数据定义,并减少为不同目的重复输入数据的需要,同时确保数据收集系统的现代性和灵活性,减少数据集成可能产生的管理负担。这方面的努力给予我们的启发在于,教育的数字化转型意味着数据驱动的教与学越来越成为教学模式转型的方向,学生成绩和进步数据作为教学与评价改革的证据,其作用越来越凸显。学校的数据收集和管理系统的运行将成为未来学校管理的一大挑战,也会带来技

术引发教师增负的效应。

提高教师的数据素养,是有效利用学生数据和避免造成教师不必要工作量的重要途径。教师需要收集各种与学生相关的数据,以便动态追踪学生的学习情况,这要求教师具备一定的数据素养。然而,在实际教学过程中,教师经常重复收集数据或花费太多时间在收集数据这件事上,对数据收集的范围和作用缺乏深入认知。可以通过定期组织数据素养培训,为教师提供使用该数据收集分析平台的技术支持,告诉教师为何录入并追踪学生的数据,应该着重注意学生的哪些数据,应该以何种方式正确地收集数据,应该如何甄别有效数据和无效数据,多久需要收集并更新数据等一系列具体操作方法,开发出一套最有效的流程帮助教师简化数据收集的过程,明确数据收集的方式和作用,看到数据收集的结果和影响,培养并增强教师的数据素养。最后,根据教师的使用体验,持续收集教师的反馈,不断优化和改进数据管理系统,以满足教师的实际需求。

第四节　美国教师负担情况与治理政策

英国很早便意识到教师负担的情况并展开调研和行动,而同样作为发达国家的美国,虽然在历史上非常关注教师质量的发展,相关政策层出不穷,但美国的教育体系中对于"教师负担"的直接研究却相对较少,其对师资短缺的现状以及与此相关的教师负担繁重的现象不甚重视。本节将依托"教师教学国际调查"(TALIS)来观察美国教师负担的来源和表征。

一、美国教师负担问题的提出

美国历来重视教育对社会经济发展的积极作用。在不同历史时期,教育都在美国社会发展进程中起到举足轻重的作用。20 世纪 50 年代,为了在冷战中迎接苏联的挑战，美国发布了《国防教育法》；20 世纪 60 年代，美国相继发布了《中小学教育法》和《高等教育设施法》，持续在基础教育和高等教育领域发力，以提升教育质量；20 世纪 80 年代，美国发布《国家在危机中：教育改革势在必行》，着力在教育质量、课程设置、教育管理、公众民心等方面塑造美国民众对教育的信任……20 世纪的几次教育改革浪潮，在相当程度上为美国教育的持续发展奠定了基础。

对教育负担问题的关注，是从《国家在危机中：教育改革势在必行》这一法案的发布开始的，法案提到：减少行政负担，增加教学时间；提高教师的质量与能力；解决学科教师欠缺问题；增加教师间的专业指导和学习。教师的负担与教师教育质量问题开始紧密关联在一起，这在此后颁布的《国家为培养 21 世纪的教师做准备》《明日之教师》《改革教师教育的呼吁》等相关报告均有所体现。

2012 年，美国教育部又发表了一份名为《尊重项目：构想 21 世纪的专业教师①》(*The RESPECT Project Vision Statement — The RESPECT Project: Envisioning a Teaching Profession for the 21st Century*)的文件，阐述了教育对培养具有全球参与性、竞争性的公民，迎接国家面临的持续性、新兴性挑战的巨大意义。同时，也明确了目前美国教师发展的困境：美国的教育工作者往往没有被当作专业人员来对待；教师在获得认证之前几乎没有课堂经验；他们一旦进入教育行业，便很难因为自己的才能和成就而得到支持、补贴或提升；学校限制教师作为团队合作者以及担任领导角色的机会；美国最聪明的一些年轻大学毕业生基本不考虑进入教育领域；教师的保留率堪忧，等等。在各类文献中，绝大多数是以"教师压力"这一词汇来表现他们的困境。根据 TALIS 相关数据报告以及疫情前后部分州开展的教师负担调查，可以知道美国教师群体面临着负担过重的严峻现实。

---

① Department of Education. The RESPECT Project Vision Statement [EB/OL]. [2021-10-05]. https://www.ed.gov/teaching/national-conversation/vision.

二、美国教师负担及其来源：基于 TALIS 的分析

美国于 2013 年、2018 年分别参加了 TALIS，该项目向具有全国代表性的初中教师(美国 7—9 年级)及其校长提出了关于他们的背景、工作环境、专业发展以及他们对教学的信念和态度的问题。对本研究来说，TALIS 的调查结果提供了关于美国教师和校长的工作以及学习环境情况，为美国教师负担现状的国际比较和本土比较提供了关键信息[①]。

相比于 2013 年的调查结果，2018 年的调查增加了更多的内容，人们能够对教师群体的整体状态有更多了解。通过 TALIS—2018 中对教师压力和压力源的相关调查，已经能够窥见教师负担的内容，包括教师本职工作、学生因素以及客观社会环境，等等。下面，笔者将对美国教师负担的来源做更细致的分析。

(一) 教师队伍学历水平较高，但欠缺教学经验

在 TALIS—2013 受调查的美国教师中，几乎所有教师(99%)都完成了大学或其他同等高等教育，高于 TALIS 的平均水平(91%)；其中，女性教师占比 64%，低于 TALIS 的平均水平(68%)；平均有 14 年教学经验，低于 TALIS 的平均水平(16 年)。TALIS—2018 的调查数据也显示出相似的特征，由此可得出，美国初中教师拥有很高的学历或者学位，在这项标准上高于 TALIS 国家(地区)教师；但是在教学经验上少于 TALIS 国家。

(二) 教师群体的职业满意度总体较高，但是社会重视度不尽人意

根据 OECD 2013 年和 2018 年的调查，绝大多数美国初中教师对自己的工作

总体满意,并且对当前的工作环境满意,认同"教师工作的优势明显大于劣势"这一观点;如果让其再次选择,还会成为一名教师。同时,大多数美国初中教师对课堂管理和各种教学策略的使用有很高的信心。

相比之下,尽管美国教师报告显示他们对自己的工作和职业基本满意,但参加 TALIS—2013 的教师中,只有 34% 的教师认为其教学受到美国社会的重视;到 2018 年,这一数据提升到 36%,说明社会对教师职业的认同度仍有待提升。

(三) 每周工作时长远超 OECD 国家,职业负担繁重

OECD 在 TALIS—2013 报告了美国初中教师每周工作 45 小时,比 OECD 国家的平均水平(38.8 小时)高出 6.2 小时,而在 TALIS—2018 中,这一数据又增加到 46 小时,在所有参加调查的国家中,美国初中教师的周平均工作时长排名第三,仅低于日本(56 小时)和哈萨克斯坦(49 小时)。

(四) 教师中普遍存在压力,且压力来源纷繁复杂

TALIS—2018 显示,26% 的美国初中教师在工作中承受着很大压力,高于 TALIS(16%)和 OECD(18%)的平均水平。其中,36% 的美国初中教师认为过多的评分是其压力来源,这与 TALIS 的平均值(40%)没有明显差别。此外,35% 的美国教师认为对学生的成绩负有责任是其主要压力来源,该数据低于 TALIS 的平均水平(45%)。其他的压力源包括:跟上教育当局不断变化的要求(32%)、保持课堂纪律(32%)、有太多的行政工作要做(30%)、有太多的备课(29%)。

三、影响美国教师负担的新因素:在线教学的挑战

(一) 线上教学——教师负担的新来源

2020 年年初暴发的新冠疫情,为观察大规模在线教学情境下教师负担的变化提供了一个自然观察机会。重塑公共教育中心(Center for Reinventing Public Education)在 2021 年 1 月的报告中明确指出美国教师所面临的繁重负担:工作

时间更长,学习新技术,通过视频电话提供教学,难以接触到每个学生,以及难以与班上的学生建立有意义的联系①。普通教师的工作量在 2020 年春季达到了峰值,并且一直没有减少。调查数据显示,到了 2020 年 10 月,约有 57％的教师每周工作时间比新冠疫情暴发前多,有一半的教师每周工作 48 小时或更长时间,24％的教师每周工作 56 小时或更长时间。教师平均每周工作时间比新冠疫情之前多 6 个小时。

调查显示,随着疫情的持续,教师的工作量并没有减少的趋势。学区在线上教学和线下教学之间不断切换。这种切换需要改变课程设置,改变监测学生出勤率和学术进步的系统,以及改变吸引学生参与的方法。所有这些活动都需要教师投入更多时间。

对技术解决方案不断增长的新需求,迫使教师采用新技术,但与此同时,他们面临着没有"正确使用教学所需的资源和设备"等情况。因此,他们每周要花 20 多个小时来改编上网课程,这使得他们的工作和家庭生活之间的界限受到了前所未有的侵蚀,导致了一种始终持续"工作"的心态,教师负担极其繁重。

2021 年春季部分学校重新开学后,由于学生出席率低得令人不安,大多数教师不得不从事由部分面授,部分远程教学所构成的混合模式的教学。教师报告说,混合模式是极其繁重和不可持续的(开发课程和教授学生迫使最有成就的教师工作时间过长或妥协自己的有效教学标准)。80％的受访者同意或强烈同意混合教学甚至比远程教学更难。

(二) 师资短缺与教师负担互为因果

与教师负担加重的现象同步出现是师资短缺问题不断严峻,美国教师退休和辞职人数比例激增。学校不仅需要聘请导师和特殊助手等工作人员来弥补教学方面的损失,还需要更多的教师为那些还没有准备好返校学习的学生进行在

---

① Julia H. Kaufman, Melissa Kay Diliberti. Teachers are not all right: How the COVID-19 pandemic is taking a toll on the nation's teachers. The Evidence Project website (2021).

线课堂教学。

根据 2021 年 6 月对全美教育协会 2 690 名成员的调查,32%的人表示新冠疫情促使他们计划提前离开该行业。同时,数据显示,哥伦比亚特区公立学校的教师在疫情期间离职的可能性也在增加——几乎一半的教师(43.4%)因为疫情期间教学所面临的挑战考虑过离开教师职业[①]。美国兰德公司(RAND Corp.)的另一项调查显示,新冠疫情加剧了学校教师的流失,因为教师在学校感受到工作压力的可能性几乎是其他工作者的两倍,而患抑郁症的可能性几乎是其他工作者的三倍。

早在 2020 年 8 月,亚利桑那州开学时就有超过 6 100 个教师职位空缺[②],田纳西州、新泽西州和南达科他州也出现了教师短缺和填补职位空缺的困难,其中一个学区开学时有 120 名教师的职位空缺。在德克萨斯州,休斯顿、韦科和其他地方的主要学区,在年初就报告了数百个教学职位的空缺。由于缺乏教师,在全美范围内,有几所学校不得不撤销班级,缩小学校的教学规模。

对此,加州教育委员会主席琳达·达林-哈蒙德(Linda Darling-Hammond)表示,缺乏教师"确实是一个全州性、全国性的问题"[③],不得不说,教师负担加重与师资短缺构成了新冠疫情背景下互为因果的二重现象,成为美国教育界亟待解决的问题。

---

① Results from the 2021 D. C. All-Teacher Survey. Members of the d. c. State Board of Education.

② Examining the factors that play a role in the teacher shortage crisis.

③ 新冠疫情造成美国教职人员严重短缺,各地派发奖金吸引老师签约 https://baijiahao. baidu. com/s? id=1711754996265287020&wfr=spider&for=pc.

第三章　我国中小学教师"减负"政策研究

第一节　教师"减负"政策的历史追溯

教师"减负"政策是对师资队伍高品质发展、对教师个体生命发展重视的体现，是我国重视知识、重视教育、尊重教师的结果，也体现了我国教育逐步走向高质量发展的趋势，在教育领域具有重要的价值和意义。纵观新中国成立以来的教育政策文献，在 2019 年以前尚未专门就"教师减负"进行讨论，也尚未专门发布相关政策解决教师负担的问题。但是能够在许多政策文件中看到对教师负担以及负担解决措施的间接描述，具体可分为对教师工作的减轻式或补偿式的反馈这两类政策方案。因此，可以说当前教师减负政策的颁布及实施不是一蹴而就的，而是基于新中国成立 70 余年以来教育发展、教师队伍发展而产生的。

一、关注与规范：教师负担问题的浮现（1949—1965 年）

自新中国成立至"三五"规划实施期间，国民经济逐渐步入正轨并得到了稳固发展，我国中小学教育也在此基础上实现了奠基式的发展。在此期间，我国实行"两条腿走路"的办学方针，鼓励以多样的形式办教育，官办教育和民办教育并行发展。大范围普及小学教育、中小学学制改革的成果在入学率、在校生人数、教师数量的显著提升上得到了体现。在此过程中，规范教育教学、提高教师文化水平、扩大师资队伍成为教师队伍建设上亟待解决的问题。

(一) 对教师工作内容与时长的规范

1953 年 11 月 26 日,政务院颁布了《关于整顿和改进小学教育的指示》,其中的第四条指出"纠正教师、学生过多地参加社会活动和校内非教学活动的偏向,克服当前学校中的混乱现象,做好教学工作,提高教学效果,增强师生健康"①。第五条强调:"其他单位和团体,不得直接向学校布置工作,以免妨害学校工作计划的进行。""适当精简学校内的非教学组织,减少会议,减少教师与校长的兼职。"②1954 年 4 月 8 日,政务院颁布了《关于改进和发展中学教育的指示》,其中第五项中提及"对教师的生活和健康应予关心并设法改善"③。

(二) 对教师身体健康与工作负担的关注

政策中对教师负担问题的直接关注,最早可追溯到 1960 年 5 月 15 日中共中央、国务院颁布的《关于保证学生、教师身体健康和劳逸结合问题的指示》(以下简称为《指示》)以及随后颁布的《关于保证学生、教师身体健康和劳逸结合的紧急通知》上。《指示》的第一条中有一句内容涉及教师:"寒暑假仍然按照国务院过去的规定,大、中学校每年一个半月,小学每年两个月。在假期内,应当让学生、教师休假。"第五条也提及教师:"目前绝大多数教师的工作,不但是比较繁重的,而且多半比学生负担更重,工作更紧张。这对于保证教师的健康和进修,对于保证和提高教学质量,都是很不利的。对于他们,同样必须贯彻执行劳逸结合和大集体小自由的原则,通盘安排工作、学习和休息等时间。首先必须切实保证他们每日有八个小时的睡眠和适当的运动、娱乐等时间。星期六晚上和星期天的时间,应当由他们自由支配。"④

---

① 《中国教育年鉴》编辑部. 中国教育年鉴 1949—1981 [M]. 北京:中国大百科全书出版社,1984.09:732.

② 《中国教育年鉴》编辑部. 中国教育年鉴 1949—1981 [M]. 北京:中国大百科全书出版社,1984.09:732.

③ 《中国教育年鉴》编辑部. 中国教育年鉴 1949—1981 [M]. 北京:中国大百科全书出版社,1984.09:734.

④ 《中国教育年鉴》编辑部. 中国教育年鉴 1949—1981 [M]. 北京:中国大百科全书出版社,1984.09:691.

(三) 对教师工作业务界限的划分

　　除此之外,中共中央 1963 年 3 月印发的《全日制小学暂行工作条例(草案)(本条例适用于全年有九个半月教学时间的全日制小学)》第三十二条指出:"严格保证教师的业务工作时间和休息时间。政治学习和党、团、工会的会议以及社会活动,在通常情况下,每周应该控制在六小时以内。除学校统一规定的重大活动外,业余时间和假期都由教师自己支配。"同时印发的《全日制中学暂行工作条例(草案)(本条例适用于全年有九个月教学时间的全日制中学)》第三十八条指出:"教师兼任教学以外的工作不要过多。教师的业务工作时间必须切实保证,严格执行中央关于知识分子至少有六分之五的工作日用在业务工作上的规定。政治学习和党、团、工会的会议以及社会活动,在通常情况下,应该控制在六分之一的工作日以内。除学校统一规定的重大活动外,业余时间和节假日都由教师自己支配。"①

　　以上政策对减少教师除教学外的工作做出了特别的要求,较为简略地提及工作负担、教师生活、健康方面的改善问题。具体主要集中在对教师工作与休息的时间长短、时间安排进行了要求。不过相较于解决学生负担的力度,解决教师负担的力度仍然处于劣势。

二、恢复与转移:教师负担问题的淡化与教师福利待遇问题的凸显 (1978—1990 年)

　　"文化大革命"期间,教育事业的发展也受到了极大的冲击。自 1975 年始,"五五"规划实施期间,教育领域逐渐步入正轨。1978 年 12 月,十一届三中全会将党和国家的工作重点转移到社会主义现代化建设上来,实行改革开放政策,开

---

① 《中国教育年鉴》编辑部. 中国教育年鉴 1949—1981 [M]. 北京:中国大百科全书出版社,1984.09:704.

创了中国社会主义教育建设的新局面①。自此,随着教育领域一系列举措的实施,具体工作中规范性、常规性的内容重新恢复,我国教育事业也迎来了快速发展。在这一阶段,关于教师负担的问题仅延续了前一阶段颁发的中小学暂行工作条例中的部分内容,与此同时,提高教育质量,恢复正常的学校制度,进行中等教育结构改革成为该阶段教育发展的重点内容。

(一) 对教师工作条例的恢复与更新

　　1978 年,教育部重新颁发关于试行《全日制中学暂行工作条例(试行草案)》《全日制小学暂行工作条例(试行草案)》的通知,小学部分在第三十二条中强调,严格保证教师的业务工作时间和休息时间。必须切实保证至少有 5/6 的工作日用在业务工作上。在通常情况下,政治学习和党、团、工会的会议以及社会活动,每周应该控制在 6 小时以内。除学校统一规定的重大活动外,业余时间和假期由教师自己支配②。

　　相较于 1963 年颁布的工作条例,1978 年的"新条例"基本延续了对中学教师的要求,而对小学教师的业务工作时间做出了更加明确的规定,基本与中学教师一致。这在一定程度上控制了施加在中小学教师身上的其他会议及活动任务,也为保障教师将精力主要放在业务工作上,确保相应的休息时间创造了条件。

(二) 对教师工作调整中可能出现的负担问题的关注

　　1980 年 8 月 22 日,《教育部关于进一步加强中小学在职教师培训工作的意见》第六项"结合培训工作,做好部分中小学教师的调整工作"中指出:"'文化大革命'中,各地从小学、初中抽调一批教师到初中、高中任教。这一部分教师原在小学、初中从事教学工作多年,教学效果尚好,有的还是骨干。调入初中、高中后,因未系统学习所教学科的专业知识,教材难度大,教学有困难。这种用其所

---

① 蒋纯焦. 新中国 70 年教育的发展历程[J]. 河北师范大学学报(教育科学版),2019,21(6):
　 17—24.
② 何东昌. 中华人民共和国重要教育文献(1976—1990)[G]. 海口:海南出版社,1998:1634.

短,舍其所长的做法,既不利于中小学教育质量的提高,又造成这一部分教师过重的负担。各地应根据需要和可能,经过工作,将这一部分教师逐步调回初中和小学。在这部分教师中,经过培训进修,已达到师院、师专毕业程度并能胜任所任教学工作的,可不予调动。"①

该政策主要是针对这一时期教育要逐渐步入正轨的大环境,为解决中小学师资队伍文化业务水平普遍偏低的现状,以及"文化大革命"时期在师资调配中形成的问题遗存而提出的。教育部对教师队伍的工作调整上,考虑部分教师的专业水平与所教学段的对口情况,提出了对教师负担问题的考虑,但这一情况并不具备范围上和空间上的普适价值。

(三) 对教师福利问题的关注

1978 年,邓小平同志在全国教育工作会议上提出:"限于国家的经济力量,我们一时还难以较大地改善教职员工的物质生活待遇,但是必须为此积极创造条件。各级党委和教育行政部门,首先要在可能范围内,尽力办好集体福利事业。"②

1980 年 12 月 3 日,中共中央、国务院发布《关于普及小学教育若干问题的决定》,其中提出:"现在,小学教师平均工资居于全国各行业之末,中学教师是倒数第二,这是极不合理的。必须切实改革中小学教师工资制度,适当提高他们的工资待遇。在工资制度正式改革前,应当给予一些临时补贴。与此同时,中小学要开始实行教龄津贴制度,以鼓励教师终生从事教育事业。具体方案由国家计委、财政部、劳动总局会同教育部迅速提出。"③

可以说,该政策尖锐地指出了教师工资问题。自此,对教师职业本身、教师工作的补偿式反馈开始大量地出现在政策文本之中。同时,教师的负担问题开始淡出政策所涉及的范围,并且在较长时间内都没有被明确提出,政府转而开始

---

① 《中国教育年鉴》编辑部. 中国教育年鉴 1949—1981 [M]. 北京:中国大百科全书出版社,1984.09:761.
② 何东昌. 中华人民共和国重要教育文献(1976—1990)[G]. 海口:海南出版社,1998:1607.
③ 何东昌. 中华人民共和国重要教育文献(1976—1990)[G]. 海口:海南出版社,1998:1877.

借助提高福利、工资待遇,推进职称评定,以及鼓励社会上形成尊师重教的风气等方式做出间接补偿。

"六五"规划和"七五"规划期间至此后二十余年的时间里,与教师负担问题相关的表述便未出现在教育政策之中。而在这一时期,我国教育进入了新的发展阶段。1983年10月1日,邓小平提出"教育要面向现代化,面向世界,面向未来"的战略方针。在教师队伍建设方面,1983年1月20日,教育部颁布《关于加强小学在职教师进修工作的意见》;1983年8月22日,教育部颁布《关于中小学教师队伍调整整顿和加强管理的意见》;1986年2月21日,国家教委印发《关于加强中小学在职教师培训工作的意见》。在该阶段,我国教师队伍改革侧重于提升教师的综合素质,并通过完善有关政策,提升教师队伍的社会地位[1]。

与此同时,解决教师的待遇问题成为了这一阶段的工作重点。1981年10月7日,国务院转发教育部《关于调整中小学教职工工资的办法》,其中提出"为了适当改善中、小学教职工生活待遇,调动他们的积极性,更好地办好基础教育事业,今年调整中、小学教职工工资"[2]。1981年11月30日,教育部颁布了《关于调整中小学教职工工资中若干具体政策问题的处理意见》。1989年教育工作的要点之一就是解决教师待遇问题。

面对这一时期教师队伍不够稳定的情况,问题解决集中指向教师的工资、住房、医疗等方面,同时涉及提高社会地位、尊师重教等观念问题。具体通过在社会福利方面实行优待教师的政策,如加强奖励机制,对优秀教师进行物质和精神上的奖励,包括教师的离退休问题,以及职级、职称的评审工作,等等。而这有效提升了教师的工作积极性和教育事业的发展水平。

三、推进与保障:教师权益保障与师资队伍建设(1991—2000年)

"八五"规划和"九五"规划正处于教师队伍的新老交替比较集中的时期,教

---

① 薛二勇等.中国教育改革回溯与前瞻[M].武汉:湖北教育出版社,2018.11:33.
② 何东昌.中华人民共和国重要教育文献(1976—1990)[G].海口:海南出版社,1998:1979.

师队伍的建设可以说是 20 世纪 90 年代教育发展中较为重要的工作内容。与此同时，基于种种原因，该时期教师权益受到侵犯的问题多发。维护教师权益、保障教师的工作生活、提升教师素质能力成为了该时期要解决的关键问题，多次被写入国家教委的年度工作要点之中。

1993 年 2 月，中共中央、国务院发布的《中国教育改革和发展纲要》指出："要下决心采取重大政策和措施，提高教师的社会地位，大力改善教师的工作、学习和生活条件，努力使教师成为最受人尊重的职业。""教育的改革和发展对教师提出了新的更高的要求。教师是人类灵魂的工程师，必须努力提高自己的思想政治素质和业务水平；热爱教育事业，教书育人，为人师表；精心组织教学，积极参加教育改革，不断提高教学质量。"[①]

1993 年 11 月 16 日，国务院办公厅发布《关于采取有力措施迅速解决拖欠教师工资问题的通知》；1994 年 2 月 5 日，人事部、国家教委印发关于中小学贯彻《事业单位工作人员工资制度改革方案》，其中提及关于津贴、奖励制度、正常增资制度、新参加工作人员的工资待遇、离退休人员待遇、工资管理体制、工资制度改革的实施等内容。1995 年 3 月 10 日，国务院办公厅转发国家教委等部门《关于加快解决教职工住房问题意见的通知》；1997 年 1 月 14 日，国家教委印发《关于规范当前义务教育阶段办学行为的若干原则意见》，其中指出"要依法保障中小学教师的权益，提高待遇，改善生活和工作条件，同时加强培养培训工作，全面提高中小学教师的政治业务素质"[②]；1997 年 8 月 15 日，《国务院办公厅关于保障教师工资按时发放有关问题的通知》颁布；1998 年 1 月 8 日，国家教委发布《教师和教育工作者奖励规定》。

在这一阶段，对教师各方面权益的维护均在相关政策中得到映照。尤其是中小学教师的工资问题在此期间得到了大力的强调，例如工资拖欠以及工资按时发放的问题、各类人员以及各类情况下工资制度的问题，等等。与此同时，还

---

① 《中国教育年鉴》编辑部. 中国教育年鉴 1994 [M]. 北京：人民教育出版社，1995.01：277.

② 《中国教育年鉴》编辑部. 中国教育年鉴 1998 [M]. 北京：人民教育出版社，1999.01：921.

对教师的培养与培训、住房、奖励等方面做出了规定。

这一时期,关于教师负担的问题鲜有提及。

四、发展与协调:教师素质培养(2001—2011 年)

在"十五"规划和"十一五"规划期间,伴随着基础教育课程改革的不断推进、中小学素质教育的全面普及以及基础教育新课程实验的推广工作,加之国家对促进教育公平的大力推进,中小学对教师队伍的水平有了更高的要求。发展势头一路向前,教师相关权益保障问题已不再突出,教师素质培养逐渐处于战略性位置。通过中小学教师职务评聘改革和师资培训等工作内容推动提高教师素质,成为教育部多年的工作要点。这一阶段,教师的编制问题逐步显现,但教师工作负担的问题依然较少得到关注。

具体来看,2001 年 10 月 17 日,教育部下发的《关于开展基础教育新课程师资培训工作的意见》中指出:"在新课程实验推广的进程中,广大中小学教师是新课程实施的主力军。"[1]2006 年 12 月 24 日,周济在"扎实推进教师事业,持续协调健康发展——教育部 2007 年度工作会议上的讲话"中指出:"我国教育事业的改革和发展已经进入了全面提高教育质量的阶段,而提高教育质量的关键因素、核心问题是教师队伍的素质和水平。必须把教师队伍建设放在更加突出的战略位置,采取一切有力的政策措施,形成有效的激励机制和约束机制,吸引更多的优秀青年进入教师队伍,建设一支高素质的教师队伍。"[2]2009 年 3 月 12 日,关于进一步落实《国务院办公厅转发中央编办、教育部、财政部关于制定中小学教职工编制标准意见的通知》发布,主要就合理配置教师资源以实现互补余缺、加强农村中小学教师力量的配备提出相关要求。以上文件和讲话内容,一方面对教师

---

① 教育部印发《关于开展基础教育新课程师资培训工作的意见》的通知[EB/OL]. (2001 - 10 - 17)[2021 - 10 - 17]. http://www. moe. gov. cn/srcsite/A10/s7058/200110/t20011017_162695. html.

② 《中华传统美德格言:汉德对照版》编写委员会编. 中国教育年鉴 2007 [M]. 北京:人民教育出版社,2007.12:24.

队伍发展提出了新的方向和要求,同时也提供了新的政策支持和保障。

五、重视与治理:强师进程中的教师负担治理(2012—2020 年)

在"十二五"规划和"十三五"规划期间,国家面向新时代推出了教育事业以及教师专业发展的新举措。2012 年 8 月 20 日,《国务院关于加强教师队伍建设的意见》出台;2017 年 4 月 5 日,《教育部关于全面推进教师管理信息化的意见》出台;2018 年 1 月 20 日,《中共中央、国务院关于全面深化新时代教师队伍建设改革的意见》出台。至此,我国教育事业的发展逐渐稳中求进,向着建设教育强国的目标迈进。同时,教师队伍建设也由外在规模到内在素质、由浅层的学历提升到深层的职业胜任拓展,教师队伍在整体结构、能力上都得到了明显的提升。与教师队伍整体质量不断提升的进程相伴随的,是教师负担问题成为越来越突出的问题。一方面是由于人民群众对教育的更高期待,使得教师队伍承受了更高的要求;一方面是我国教育的质量提升和规模扩增的过程中,教师队伍治理的现代化并没有同步发展;同时,教师作为当代的专业劳动者,其职业尊严和生命质量得到了空前的唤醒。

2019 年 1 月,教育部党组书记、部长陈宝生在全国教育工作会议上指出:"这些年来,我们一直在努力给学生减负,教师也需要减负,要把时间和精力还给教师,让他们静下心来研究教学、备课充电、提高专业化水平。"[1]"为中小学教师减负"被列入教育部 2019 年工作要点[2]。

2019 年 12 月 15 日,中共中央办公厅、国务院办公厅联合印发了《关于减轻中小学教师负担进一步营造教育教学良好环境的若干意见》,提出"让教师全身

---

[1] 中华人民共和国教育部. 落实落实再落实——在 2019 年全国教育工作会议上的讲话[EB/OL]. (2019 - 01 - 30)[2022 - 03 - 04]. http://www. moe. gov. cn/jyb_ xwfb/moe_176/201901/t20190129_368518. html.

[2] 中华人民共和国教育部. 教育部 2019 年工作要点[EB/OL]. (2019 - 02 - 22)[2022 - 03 - 04]. http://www. moe. gov. cn/jyb_xwfb/gzdt_gzdt/s5987/201902/t20190222_370722. html.

心投入教书育人工作,是各级党委和政府职责所在"①。各省(市、自治区)先后于2020年5月至2021年5月之间,根据自身情况发布了中小学教师减负清单。

2020年12月11日,教育部在关于政协十三届全国委员会第三次会议第3252号(教育类309号)提案(《关于强化措施机制,把时间还给中小学教师的提案》)答复的函中指出,"教师减负工作关涉基础教育高质量发展,要确保形成常态化长效治理机制,督促并推进各地教师减负专项工作的开展落实"②。

相较于新中国成立之初,以上政策对教师负担问题的关注更加系统、全面,同时对有可能增加教师负担的事项进行了规范与要求,具体包括督查检查评比考核、社会事务进校园、精简相关报表填写、抽调借用中小学教师以及强化组织保障,等等。这些规范和要求,实际上是对教师工作内容和时间的聚焦,集中保证了教师能够有充沛的精力投入在教育教学工作上。教师"减负"政策的正式颁布,对长期以来教师额外负担的工作提出了直接的减轻式的回应,并由此开启了我国对教师"负担"关注的新局面。

纵观我国自新中国成立以来教育领域的发展,各阶段均有各自侧重的发展方向。新中国刚刚建立或改革开放初期,国家的各领域均处于重建或复苏阶段,对教师工作的规范以及负担内容的减轻式反馈较多。从20世纪80年代开始,教育领域重新步入正轨,国家将教师队伍建设置于重点位置,对教师工作的反馈更多偏向补偿式的待遇解决、权益保障等。而直接或间接的"减负"政策则从对工作时间、内容上的注重推广深入到督查检查、评比考核、报表填写、抽调借用等各方面。

通过对相关政策的历史性梳理,我们可以看到,对教师减负工作的考察不能局限在政策文件的具体表述上,也需要关注在过去几十年间,我国教师队伍在不

---

① 中华人民共和国中央人民政府. 中共中央办公厅国务院办公厅印发《关于减轻中小学教师负担进一步营造教育教学良好环境的若干意见》[EB/OL]. (2019 - 12 - 15)[2019 - 12 - 15]. http://www. gov. cn/zhengce/2019-12/15/content_5461432. htm.

② 关于政协十三届全国委员会第三次会议第3252号(教育类309号)提案答复的函[EB/OL]. (2020 - 12 - 11)[2022 - 04 - 21]. http://www. moe. gov. cn/jyb_xxgk/xxgk_jyta/jyta_jiaoshisi/202012/t20201211_504973. html.

同时期的发展现状,并从中提炼总结相关历史经验,并为当前的政策实施提供参考和借鉴。

第二节　当前教师负担的来源分析

尽管 2018 年以来,教师负担问题备受关注,2019 年,中共中央办公厅、国务院办公厅联合印发了《关于减轻中小学教师负担进一步营造教育教学良好环境的若干意见》,但教师负担的治理仍然任重道远。全国政协常委兼副秘书长朱永新在 2021 年两会上指出,"双减"政策实施后,不少一线教师在岗时间达 10—11 个小时以上,较以前明显延长,而且教师开展教科研等活动的时间被大幅压缩,这一背景下,教师也被迫切要求提升综合能力。2022 年,全国政协委员、华东师范大学副校长戴立益表示,"双减"后,高达 91.54% 的教师认为自己的负担有所增加。因此,在中小学教师减负政策实施后,我们更需对此给予新一轮关注,一方面,有学者发现教师负担除来自人力资本、任教情况、工作时间、工作环境等因素外,还有教育体制、非教学任务等重要源头,且造成我国中小学教师负担过重的原因多为后者[①];另一方面,教师减负清单中涉及的任务事项由内而外、自上而下,来源于不同层面,也需要以内外兼顾的系统视角来审视[②]。这启示我们做好教师减负工作,下一步应针对不同类型的教师负担,分清来源、划清边界、确定性质,找准问题根源,采用有针对性、适应性的方法去化解。

基于此,本研究从"来源"的视角构建关于教师负担的解释框架,依据定量与定性的证据着重探讨下述问题:减负政策实施背景下,我国中小学教师负担的现实状况如何? 负担主要来自哪里,各个来源造成负担的因素有哪些? 如何制定切实解决教师负担问题的策略?

---

① 熊建辉,姜蓓佳.国内外中小学教师负担研究述评[J].中国教师,2020(1):13—16.
② 张家军,陈苗.中小学教师减负的系统分析与行动路径[J].南京社会科学,2022(4):143—152.

一、教师负担来源的类型及测量方法

龙宝新等人[①]统计了 27 个省份中小学教师减负清单中涉及的教师负担类型,包括督查检查考核、社会事务进校园、报表填写工作、抽调借用中小学教师事宜、其他负担五类,尽管这种划分缺乏一定的系统性,但也为我们在减负背景下如何进一步界定中小学教师负担提供了参考。

一些学者从"性质"出发对教师负担进行划分,如 2015 年,英国教育部"工作负担挑战:教师咨询反馈分析"(Workload Challenge:Analysis of teacher consultation responses)报告显示,除了教学性工作负担,中小学教师负担还包括繁琐且官僚化的数据管理、频繁且深度化的书面评阅、详细且个体化的课程计划等非教学性工作负担[②];又如李新翠和黄露[③]指出,中小学教师负担包括直接教学工作负担(如备课、作业批改、学生管理、家校沟通、专业研究、参加培训等),间接教学工作负担,以及校内检查工作、校外配合支援行政工作[④]等非教学工作。然而,以这种方式分类虽然能明确教师各项工作任务的性质,却难以区分这些工作任务是由哪些主体交付或施加给教师的,在落实相关减负策略时容易缺乏针对性。

为进一步分析外延,一些学者从"来源"出发对教师负担进行划分,即从与教师工作相关的内外部环境、教师素质等因素中找出其负担的具体内容,从而明确教师减负的目标和要求[⑤]。教师的职业特征与其角色内涵的特殊性和多样性,决定了教师会直接或间接受接触到的人与环境的影响,意味着其负担来源具有多

① 龙宝新,杨静,蔡婉怡.中小学教师负担的生成逻辑及其纾解之道——基于对全国 27 个省份中小学教师减负清单的分析[J].当代教育科学,2021(5):62—71.
② 缪学超,易红郡.英国中小学教师工作负担的成因、类型及解决策略[J].河北师范大学学报(教育科学版),2022,24(1):132—140.
③ 李新翠,黄露.基于中小学教师工作现实场景的减负策略[J].教学与管理,2021(6):24—28.
④ Kim. Teachers' administrative workload crowding out instructional activities [J]. Asia Pacific Journal of Education, 2019,39(1):31-49.
⑤ 熊建辉,姜蓓佳.国内外中小学教师负担研究述评[J].中国教师,2020(1):13—16.

样性①。具体来说,金(Jin)等人②发现教师负担最重要的来源是与职业性质相关的课程要求、日常教学及其他义务承诺,以及学生、家长、同事、上级领导和相关部门人员,当然也包括教师对自身缺乏认可和欣赏;根据布迪厄的场域理论,张家军和闫君子③指出中小学教师工作主要包括社会、家庭和学校三大源发场域,教师在其中不断转换难以进行精准的角色定位,使得负担持续生成;也有学者认为教师负担的来源主要有社会、学校内部、学生以及教师个人这四个方面④,据此将教师负担归结为"社源性负担、校源性负担、生源性负担、师源性负担"四类⑤。综合上述观点可以发现,一方面,教师个人家庭源发场域的负担,如工作角色与生活角色失衡而造成的负担,与教育系统关联不大,另一方面,社会源、行政管理源、学校源、个人源存在交叉与重叠,如升学导向观念应来自家长,根据中小学教师减负政策,社会源应包含行政管理源。因此本研究采用李祥等人⑥的观点,即将教师负担划分为社源性负担、校源性负担、生源性负担、师源性负担。

现有的实证研究集中于将教师负担量化为工作时间、工作量、工作结构等,用这些指标来间接考察教师负担,如有学者总结出衡量和解释教师负担的三个维度——工作时间、工作类型、工作环境,并据此构建模型来解释教师负担的情况及其变化⑦;或是用教师职业压力得分来衡量主观感知的负担⑧。可见,学界

---

① 张家军,张迪.我国教师负担研究的现状审视与未来展望——基于核心期刊的文献计量分析[J].教育理论与实践,2022,42(14):23—29.

② Putai Jin et al. Identifying teachers at risk in Hong Kong: Psychosomatic symptoms and sources of stress [J]. Journal of Psychosomatic Research,2008,65(4):357 - 362.

③ 张家军,闫君子.中小学教师负担:减与增的辩证法[J].教育研究,2022,43(5):149—159.

④ 龙宝新,杨静,蔡婉怡.中小学教师负担的生成逻辑及其纾解之道——基于对全国 27 个省份中小学教师减负清单的分析[J].当代教育科学,2021(5):62—71.

⑤ 李祥,周芳,蔡孝露.中小学教师减负政策的价值分析:权利保障的视角[J].现代教育管理,2021(7):62—69.

⑥ 李祥,周芳,蔡孝露.中小学教师减负政策的价值分析:权利保障的视角[J].现代教育管理,2021(7):62—69.

⑦ Wei Boon Quah et al. A Review Of The Management Theory For Special Education Task Load Perspective [J]. Turkish Journal of Computer and Mathematics Education,2021,12(11):5234 - 5238.

⑧ 李新.教师的工作负担及其影响因素研究——基于中国教育追踪调查(2014~2015 学年)数据的实证分析[J].上海教育科研,2019(3):5—9+78.

对于教师负担仍缺少精确的量表,有必要进一步从"来源"对其进行测量,对上述四类教师负担进行较为系统、详细或操作化的定义。

经归纳后可以得出,"社源性负担"主要有社会期待[①]、教育统计调研、数据采集等报表材料填写[②]、专项任务、社会考试监考、街道社区事务、教育宣传活动、投票和关注公众号、行政会议、抽调借用行为等社会性事务[③],以及督查检查考核[④]等;"校源性负担"主要有竞赛活动[⑤]、会议培训[⑥],以及包括学校管理制度、管理风格和教学设施配备等在内的工作环境[⑦⑧]等;"生源性负担"主要有课外辅导[⑨]、作业批改、课堂评价、考试评价等学生评价[⑩]、学生行为管理[⑪]、学生心理疏导[⑫]、学生安全监督[⑬]、学生与家长依赖[⑭]、家长期望[⑮]等;"师源性负担"主要有角

---

① Spicksley Kathryn. Hard work/workload: discursive constructions of teacher work in policy and practice [J]. Teachers and Teaching, 2022,28(5):517-532.

② 葛新斌,叶繁. 教师减负的博弈困境及其破解之道[J].教育发展研究,2020,40(20):46—52.

③ 张家军,闫君子. 中小学教师负担:减与增的辩证法[J].教育研究,2022,43(5):149—159.

④ 赖秀龙,袁明月. 减轻中小学教师负担的县域治理行动逻辑[J].当代教育科学,2021(6):51—57+77.

⑤ Hojo Masakazu. Association between student-teacher ratio and teachers' working hours and workload stress: evidence from a nationwide survey in Japan [J]. BMC Public Health, 2021,21(1):1635.

⑥ 杨伊,夏惠贤,王晶莹. 减负增效视角下我国科学教师专业发展困境的审视[J].上海教育科研,2021(1):60—65+32.

⑦ Santamaría María Dosil et al. Teacher stress, anxiety and depression at the beginning of the academic year during the COVID-19 pandemic [J]. Global Mental Health, 2021,8(14):1-8.

⑧ José-María Fernández-Batanero et al. Impact of Educational Technology on Teacher Stress and Anxiety: A Literature Review [J]. International Journal of Environmental Research and Public Health, 2021,18(2):548.

⑨ Heffernan Amanda et al. 'I cannot sustain the workload and the emotional toll': Reasons behind Australian teachers' intentions to leave the profession [J]. Australian Journal of Education, 2022,66(2):196-209.

⑩ Jerrim John, Sims Sam. When is high workload bad for teacher wellbeing? Accounting for the non-linear contribution of specific teaching tasks [J]. Teaching and Teacher Education, 2021,105.

⑪ 陆道坤. 教师"减负":英国的经验与启示[J].教师教育研究,2021,33(1):108—114.

⑫ 朱秀红,刘善槐. 我国乡村教师工作负担的问题表征、不利影响与调适策略——基于全国18省35县的调查研究[J].中国教育学刊,2020(1):88—94.

⑬ 周兆海. 乡村教师非教学性工作负担问题及其对策[J].教育科学研究,2021(7):88—92.

⑭ 焦裕杰. 减负背景下小学教师工作负担的现状及对策研究[D].济宁:曲阜师范大学,2020.

⑮ 王晓生. 中小学教师减负的现实基础、原因探寻与实践路径[J].教学与管理,2020(28):9—12.

色多样性,如兼任班主任、课程开发者、教学研究者、学习者、被评价者等多重角色①,其中不涉及时间管理②、情绪心态控制③等。

部分实证研究在测量教师负担时,能够从教师的主观感知中反映负担的来源组成,弥补了以往教师工作量调查的不足。如 TALIS 国际调查结果显示,由于备课(82%)、数据管理(56%)、学生评价(53%)等任务要求过高,教师无法在规定时间内完成,于是被受访教师称为不必要的工作量④;此外,通过对比英国 TWS2016 与 TWS2019 的数据,可以发现教育系统中还有团队合作、与同事交流、工作环境、学生监督、学生纪律问题、课外辅导、参与学校管理、一般行政工作、与家长沟通合作、组织课外活动等一系列被中小学教师认为是不必要的非教学任务⑤。一些研究则专门探究了学校系统中产生的教师负担,如埃纳尔和西赛儿(Einar,Sidsel)⑥测量了高中教师对学校环境中纪律问题、时间压力、低学生动机、同事冲突、缺乏监督支持、价值冲突和学生多样性等 7 种潜在负担源的感知;如前面提及的英国教育部 2015 年"工作负担挑战:教师咨询反馈分析"报告指出,问责制(53%)、上级领导设定的任务(51%)、重复的检查考核(45%)、工作的过度官僚性质(41%)、学校管理制度(35%),以及长时间或无关的会议(26%)、信息处理(24%)、ICT 设备落后(21%)、缺乏软件培训(20%)均被中小学教师指

① 王毓珣,王颖.关于中小学教师减负的理性思索[J].湖南师范大学教育科学学报,2013,12(4):56—62.

② 张小菊,管明悦.如何实现小学教师工作量的减负增效——基于某小学教师 40 天工作时间的实地调查[J].全球教育展望,2019,48(6):97—109.

③ James Morgan and Lisa Atkin. Expelling Stress for Primary School Teachers: Self-Affirmation Increases Positive Emotions in Teaching and Emotion Reappraisal [J]. International Journal of Environmental Research and Public Health, 2016,13(5):500.

④ Education Policy Institute (2016). Teacher workload and professional development in England's secondary schools: insights from TALIS [EB/OL]. https://epi. org. uk/publications-and-research/teacher-workload-professional-development-englands-secondary-schools-insights-talis/.

⑤ Department for Education (2019). Teacher workload survey 2019 [EB/OL]. https://www. gov. uk/government/publications/teacher-workload-survey-2019.

⑥ Skaalvik E M., Skaalvik S. Teacher stress and teacher self-efficacy as predictors of engagement, emotional exhaustion, and motivation to leave the teaching profession. Creative Education, 2016,7(13):1785 - 1799.

为无效的工作任务,并希望可以将其安排给行政人员、助教完成[①];随后在 2018 年与 2020 年开展的跟踪调查中,还发现如教师绩效管理、学校或学生的目标设定以及学生行为管理等因素同样会导致高负荷[②③④]。这些研究为回答"哪些工作任务会导致教师高负担"提供了初步的量化证据,虽然提到不少有关负担的重要因素,但学界还未对这些工作任务进行明确的分类,涉及的负担来源并不全面,各个来源的因素为何会导致教师高负担也有待进一步探究。

综上,现有研究中教师负担的来源相对集中于社会、学校、学生、教师四个维度,本研究将在中小学教师减负政策的实施背景下,从这四个维度出发对不同类型的教师负担进行来源细分、重要性程度分析,剖析教师负担的形成原因,由此为实现教师的"减负增效"[⑤]提供对策建议。

二、研究设计

本研究主要采用了问卷调查的研究方法。

(一) 样本与数据

本研究选取南部的广东、中部的江西、东部的山东作为调研地区,这些省份

---

① Department for Education（2015）. Workload challenge：analysis of teacher consultation responses ［EB/OL］. https://www. gov. uk/government/publications/workload-challenge-analysis-of-teacher-responses.

② Department for Education（2018）. Making data work：report of the Teacher Workload Advisory Group ［EB/OL］. https://www. gov. uk/government/publications/teacher-workload-advisory-group-report-and-government-response.

③ Department for Education（2018）. Mapping the availability and use of professional development for reducing teacher workload［EB/OL］. https://www. gov. uk/government/publications/mapping-professional-development-for-reducing-teacher-workload.

④ Department for Education（2020）. Exploring the relationship between teacher workload and target setting ［EB/OL］. https://www. gov. uk/government/publications/exploring-the-relationship-between-teacher-workload-and-target-setting.

⑤ 赵钱森,石艳. 事实下的主体建构：中小学教师负担研究路径的探析与展望[J]. 现代基础教育研究,2021,43(3):126—131.

均较早出台"中小学教师减负清单"。项目组在 2021 年 11—12 月采用配额抽样方法在各省份选取 15 所公办与民办中小学校,于各学校各年级分别抽取约 100 位教师进行问卷调查,最后共发放问卷 4 692 份,有效样本为 4 599 份,问卷有效率 98.02%。为初步了解当前我国中小学教师的基本素质、负担现状,本研究除调查性别、年龄等人口学特征,学历、教龄、职称等"人力资本"变量外,还考虑对学者提出的"任教情况"变量①和"负担感知"变量②进行调查。样本的描述性统计情况如表 3-1 所示,可以发现这些教师大多为女性(73.1%),各年龄段、教龄段分布平均,主要为本科及以下学历(71.3%),副高级以下职称(96.3%);在任教情况方面,其中有 44.2% 担任班主任角色,基本都教授主三科(79.6%),任教年级数(88.2%)、任教班级数(66.5%)集中在 1 个,但许多教师的任教课程数超过 1 个(64.3%),并面临"大班额"现象(任教学生数 50 人及以上占 54.5%);在负担感知方面,大部分教师认为他们应承担的工作量(同意或非常同意占 59.1%)和不应承担的工作量(同意或非常同意占 62.9%)都过于沉重。

表 3-1　描述性统计情况

维度	变量	类型	样本数	百分比
人口学特征	性别	男	1 238	26.9%
		女	3 361	73.1%
	年龄	20 岁及以下	27	0.6%
		21—30 岁	1 330	28.9%
		31—40 岁	1 292	28.1%
		41—50 岁	1 392	30.3%
		50 岁以上	558	12.1%
人力资本	学历	本科及以下	3 278	71.3%
		硕士及以上	1 321	28.7%

① Nadia Kourmousi, Evangelos C. and Alexopoulos. Stress sources and manifestations in a nation-wide sample of pre-primary, primary and secondary educators in Greece [J]. Frontiers in Public Health, 2016, 4:73.

② Department for Education (2010). Teachers' workload diary survey 2010 [EB/OL]. https://www.gov.uk/government/publications/teachers-workload-diary-survey-2010.

维度	变量	类型	样本数	百分比
人力资本	教龄	10 年以下	1 946	42.3%
		11—20 年	720	15.7%
		21—30 年	1 375	29.9%
		30 年以上	558	12.1%
	职称	无	1 104	24.0%
		初级	1 083	23.5%
		中级	2 246	48.8%
		副高级	158	3.4%
		高级	8	0.2%
任教情况	是否班主任	是	2 035	44.2%
		否	2 564	55.7%
	任教年级数	1 个	4 059	88.2%
		1 个以上	540	11.7%
	任教课程数	1 门	1 642	35.7%
		1 门以上	2 957	64.3%
	任教科目	非主科	936	20.3%
		主科	3 663	79.6%
	任教班级数	1 个	3 060	66.5%
		1 个以上	1 539	33.5%
	任教学生数	50 人以下	2 094	45.5%
		50 人及以上	2 505	54.5%
负担感知	应承担的工作量	非常不同意	2	0.0%
		不同意	9	0.2%
		一般	1 867	40.6%
		同意	2 086	45.3%
		非常同意	635	13.8%
	不应承担的工作量	非常不同意	7	0.2%
		不同意	5	0.1%
		一般	1 693	36.8%
		同意	2 111	45.9%
		非常同意	783	17.0%

(二) 变量与量表编制

本研究借鉴学者们在各种来源下提出的重要负担因素,编制了教师负担自评量表。量表由社源性负担、校源性负担、生源性负担、师源性负担4个维度构成,包含15个题项。研究采用李克特5级量表进行测量,包含从"非常不同意"到"非常同意"5个等级,变量的操作化定义情况如表3-2所示。

表3-2 教师负担的变量定义

维度	变量	变量的界定与测量
社源性负担	社会期待	社会群体对教师提出的高标准要求和期待给我造成了负担
	报表材料填写	相关部门教育统计调研需要完成的表格、汇报的数据资料给我造成了负担
	社会性事务	专项任务、社会考试监考、教育宣传活动、投票、关注公众号APP、抽调借用行为等社会事务进校园给我造成了负担
	迎检迎评	上级部门开展频繁重复的督查检查评比考核事项给我造成了负担
校源性负担	竞赛活动	学校安排我参加的各类征文、演讲、观摩评比等竞赛活动给我造成了负担
	会议培训	学校摊派许多与教师专业发展无关或关系不大的会议、培训给我造成了负担
	工作环境	学校的教育管理风格,绩效、职称评定等规章制度(软件),或教学设施的学习使用(硬件)给我造成了负担
生源性负担	承担责任	课外辅导、学生评价、联系家长、升学率任务等主要责任给我造成了负担
	学生行为管理	在课堂或课后处理差生的学习问题、不良行为、恶劣态度给我造成了负担
	学生心理疏导	关注特殊学生的心理状态并予以心理辅导给我造成了负担
	学生安全监督	对学生的校内安全保护、食宿管理、托管服务给我造成了负担
	家长期望	家长对孩子在学校表现的较高期望和关心给我造成了负担
师源性负担	角色多样性	除了教学工作,我还承担管理班级、参与课题研究、举行课外活动等其他任务
	时间管理	我花费大量精力协调教学与非教学工作
	情绪心态控制	自我克服工作带来的消极情绪比较困难

对问卷进行信度检验得到,各题项的 Cronbach's Alpha 值均>0.7,表明问卷测量可靠性和数据内部一致性较高。探索性因子分析结果显示,量表所得数据

的 KMO 值>0.7,p=0.000,达到极其显著水平,表明数据适合做因子分析。采用主成分分析法,依据特征值大于 1 的标准进行因子分析,在教师负担量表中提取出 4 个因子,共解释了总方差的 53.957%。

(三) 文本与访谈

为提升研究结论的科学性和阐释深度,引入中小学教师减负政策文本、访谈记录等定性资料作为定量数据的补充。本研究从各省政府与教育厅官网搜集了全国 31 个省份的中小学教师减负清单,政策文本共计 6.88 万字;同时围绕教师减负清单实施后中小学教师的负担现状、负担过重的原因等问题,向 15 位教师开展半结构式访谈,其中,教师受访者包括小学教师 6 位,初中教师 6 位,高中教师 3 位,访谈记录共计 4.15 万字。

三、中小学教师负担的多重来源分析

教师的职业特征与其角色内涵的特殊性和多样性,决定了教师负担具有多重来源。本研究结合中小学教师减负政策文本和问卷调查数据,探究导致中小学教师负担过重的来源以及各个来源下的重要因素,并对比政策导向下与教师感观下各类教师负担及其组成因素的重要性程度。

表 3-3 显示了教师负担变量的统计情况。运用"配对样本 T 检验"检验社源性负担、校源性负担、生源性负担、师源性负担四个维度下各变量的均值两两之间是否具有显著性差异,结果显示各均值差异在 0.05 显著性水平上均通过了置信度检验。

表 3-3 教师负担统计情况

维度	变量	均值	标准差
社源性负担	社会期待	2.50	0.968
	报表材料填写	3.27	1.237
	社会性事务	3.10	1.334
	迎检迎评	3.48	1.279

维度	变量	均值	标准差
校源性负担	竞赛活动	3.18	1.208
	会议培训	2.96	1.135
	工作环境	3.26	1.341
生源性负担	承担责任	2.53	0.968
	学生行为管理	3.73	1.189
	学生心理疏导	3.76	0.963
	学生安全监督	2.82	1.379
	家长期望	4.21	0.976
师源性负担	角色多样性	1.11	0.952
	时间管理	2.80	0.722
	情绪心态控制	4.06	0.812

(一) 社源性负担

在31个省份的教师减负清单条例中,"督查检查评比考核事项""重复数据""抽调借用""社会事务""报表填写"字样分别出现122、95、85、60、52次,涉及社源性负担的条例数量占比高达92.02%。可见,上级相关部门向学校和教师所摊派的社会事务和行政任务是教师减负清单最主要的规范对象,是最迫切需要通过政策措施大幅减少的负担。在全国各地实施中小学教师减负政策后,当前教师主观感知到的社源性负担总体均值为3.09,在四种负担来源中排序第三,表明在中央与地方的高度重视下,社源性负担在一定程度上得到了控制。

进一步对社源性负担维度下设的4个变量进行重要性排序,可以发现均值从高到低依次排序为迎检迎评(3.48)、报表材料填写(3.27)、社会性事务(3.10)、社会期待(2.50)。其中,"迎检迎评"主要是名目多、频率高的各种督查检查评比考核等事项;"报表材料填写"主要是交叉重复、布置随意的各类调研、统计、信息采集等活动;"社会性事务"主要是包括专项任务、社会考试监考、教育宣传活动、投票、关注公众号、安装APP、抽调借用行为等在内的社会事务进校园;这三类工作繁多复杂,往往与地方政府、教育主管部门、各社会机构和社区对学校的强制性与不合理要求有关,极大干扰了学校正常的教育教学秩序,是教师感观中仍需要持续减轻的社源性负担。"社会期待"则是社会群体对教师这份职业提出的高标准的要求和期待,即教师察觉到的当前教育改革对他们运用新的教育理念和教学方式、开发先进的课程以培养出高质量的人才的要求。某些社会舆论对教师的偏见和贬低,也在一定程度上增加了教师的心理负担。

(二) 校源性负担

在 31 个省份的教师减负清单条例中,"培训""宣传"字样分别出现 265、105次,涉及校源性负担的条例数量占比为 5.59%。16 个省份的教师减负清单中有关于"切实避免安排中小学教师参加无关的培训和会议""减轻教师参加校内活动负担""中小学校常规管理水平和效率不高,教学教研活动流于形式,无效劳动现象突出,加重教师负担"等 1—4 项条例明确指向来自学校层面负担的减轻,但仍有一半省份未提及,说明校源性负担在这些省份还未得到充分关注。在全国各地实施中小学教师减负政策后,教师主观感知到的校源性负担总体均值为3.13,在四种负担来源中排序第二。这表明当前教师群体更加关切校源性负担的减轻。

进一步对校源性负担维度下设的 3 个变量进行重要性排序,可以发现均值从高到低的排序依次为工作环境(3.26)、竞赛活动(3.18)、会议培训(2.96)。其中,"工作环境"主要是学校为教师工作提供的硬件与软件,硬件即辅助教师进行教育教学的设施配备,软件则是教师考核评价等教育管理规章制度、学校管理风格和水平,该指标得分较高,表明当前学校工作环境给教师带来的任教体验较差,学校管理与教育教学的关系有待协调。而"竞赛活动"主要是学校自行举办的学生活动、教师技能比赛等,这些活动有的与教师专业发展关系不大,有的形式过于复杂,有的安排教师参与准备工作;"会议培训"方面,主要是教师专业培训存在硬性安排、走形式、走过场的情况,也有非教育教学方面的会议和培训摊派给教师参加的情况,从教师感观得分来看,这两种负担也应被予以关注和适当控制。

(三) 生源性负担

在 31 个省份的教师减负清单条例中,"学生""安全"字样分别出现 42、28 次,仅有 6 项减负条例提及生源性负担。如浙江省提到"班主任工作、教案制作、教育教研、作业批改、教师家访等工作安排要注重实效",海南省提到"大班额现象仍然不同程度地存在,教师日常教育教学负担重",青海省和广西壮族自治区提到"不得安排中小学教师承担寄宿制学校的安保、食宿管理等非教学管理工作",可见当前中小学教师减负政策对于生源性负担的关注较全面地涵盖了直接教学工作,教案制作、教研、作业批改、家访等间接教学工作,以及学生安全、生活管理等非教学工作。在全国各地实施中小学教师减负政策后,当前教师主观感知到的生源性负担总体均值为 3.41,在四种负担来源中排序第一。这一现象具有两重意义。一方面表明,减负政策有效地控制了社源负担和校源负担后,教师的工作负担回归到以学生为中心的工作上来,回归到教育教学的正常、合理的重心上来,回归到教师的本职工作上来。另一方面也要看到,"双减"政策的实施,意味着政府和家长对学校教学质量的要求更高,参与课后服务工作也会增加教师的额外工作负担。

进一步对生源性负担维度下设的 5 个变量进行重要性排序,可以发现均值从高到低依次排序为家长期望(4.21)、学生心理疏导(3.76)、学生行为管理(3.73)、学生安全监督(2.82)、承担责任(2.53)。其中,"家长期望"主要是家长对于孩子在校表现的较高期望和关心,特别是容易将"望子成龙、望女成凤"的热切期盼寄托于教师身上,该指标得分较高,凸显出当前家长对于教师的期望构成了生源性负担的首要原因。"学生心理疏导"主要是对于特殊学生心理状态的关心;"学生行为管理"主要是在课上或课下管理活泼过度、不守纪律、屡次违规等不良的学习和行为问题;"学生安全监督"主要是寄宿制学校的教师还要负责监督学生在食堂、宿舍等日常生活及人身安全问题;这三类负担均属于非教学工作,越发使得教师职责边界模糊,以至于出现"全能教师"的现象,这也是教师迫切关心和待减轻的负担。"承担责任"主要是要求教师对学生承担课外辅导、学生评价、联系家长、升学率任务等必要责任,该负担属于直接或间接教学工作,即教师教书育人的本职工作,其得分较低,表明教师本着帮助学生提升学业成绩、促进成长发展的职业承诺,并不认为这种负担沉重。

(四) 师源性负担

在 31 个省份的教师减负清单条例中,"时间""健康"字样分别出现 41、26 次,仅有 6 项减负条例提及师源性负担。如北京市"通过培训提升教师心理健康水平,引导教师掌握恰当的心理调适方法,缓解压力",贵州省"实施教师定期体检、心理疏导和困难教师资助救助制度"等,这些省份在清单中有提到教师的心理健康问题,表明对教师负担沉重的问题有一定的前瞻性认识,但仍缺乏对于教师同时担任多种角色、身体健康、时间管理等其他师源性负担问题的关注。出于政策导向,对于来自教师个人层面负担的整体关注度也非常低。而在全国各地实施中小学教师减负政策后,教师主观感知到的师源性负担总体均值为 2.66,在四种负担来源中排序第四。笔者推测,这可能是由于教师认为这些内生性负担可以通过自我调节来缓解,相对于其他三种负担来源来说,通过外力缓解这类负担的需求并不迫切。

进一步对师源性负担维度下设的 3 个变量进行重要性排序,可以发现均值从高到低依次排序为情绪心态控制(4.06)、时间管理(2.80)、角色多样性(1.11)。其中,"情绪心态控制"主要是教师面对繁重工作时,若不能较好地自我调整心态和情绪,容易形成心理负担和心理健康问题;"时间管理"主要是在工作时间较长的情况下,教师仍会有"时间不够用"的紧迫感,或是客观因素导致时间被迫浪费,或是主观因素导致时间被自己浪费;这两种负担不仅与繁重的工作相关,也反映出教师自身职业素养不足,长此以往容易产生职业倦怠。而"角色多样性"主要是教师同时担任课题组成员、教研组成员、活动组织者、行政人员等多重角色也成为教师负担增加的内生性来源,教师感观得分较低表明当前教师出现因多重角色冲突产生压力的情况相对较少。

四、中小学教师负担的深层成因

针对四种来源的教师负担的调研结果的定量分析的结果,我们获知了当前减负政策背景下教师负担的总体情况及其结构性状况。而通过教师访谈所得到的质性资料,则为我们分析每一种教师负担来源的系统性成因提供了依据,即从解释教师负担"从哪里来"进一步深入到"为什么来"。

(一) 教师专业自主受到过度侵蚀

我国教育系统的管理和运行都遵循科层制,因此中小学的组织结构和目标、中小学的领导方式和工作模式等总体上是受制于地方政府职能部门的管理框架的。科层制实行自上而下的等级式管理,权力分配是垂直分布的,这种结构严密的等级秩序决定了处于低层级的教师在学校参与决策的权利较小,教书育人的专业职责比较容易受到非专业性指令的干扰,处于"被领导"的弱势地位的教师却又无法抗拒这种强制性的干扰,"我不理解上级每天都会强制性地安排一些与教学无关的 APP 学习任务,并且不分工作和非工作时间"(X 老师)。

首先,上级行政部门向学校摊派过多行政事务,不仅妨碍了教学的正常运作,而且当这些繁多复杂的行政任务进一步由学校安排给教师并要求教师按照规定程序完成时,还会削减教师在教育教学和成长发展中所需的专业自主性,呈现出科层制与专业化的结构性矛盾。其次,教师的工作时间就会在完成各种非必要、非本职工作中不断被耗费,以至于真正用于教育教学的时间被侵占,"一些报表填写、信息采集之类的社会性事务比较繁琐,现在疫情期间要求也更高,会占用我备课听课的时间,我觉得压力会比较大"(S 老师),容易使得教师在教书育人的过程中质疑自己作为教师的主要职责,其职业幸福感也相应降低,"社会层面给教师安排的专项事务太杂了,导致教师一度感受到教学没能成为我们的主业,变成了副业。办公室有一些教师都谈论到现在教书没有以前那么纯粹了"(P老师);再者,将规则繁琐、过于形式化的工作交给教师处理,一方面凸显出在社会高期待下教师角色是"万能"的,另一方面则反映出社会对教师职业地位和专业能力的贬低,这会使其自感地位低下而产生自卑,"社会对老师的期待总体是偏高的,但网络上有很多对老师不是那么友好的评论,老师的社会舆论地位却越来越低"(C老师)。由此,这种社会性事务带来的额外负担会伴随着社会的高期待,再度加重教师的心理负担。

(二) 学校管理高耗低效挤压教师

绩效至上的管理理念和管理方式对教师负担有直接的加重效应。从学校管理理念来看,当前学校如同企业组织一般追求办学效益,成为学校领导管理的主要驱动力,"我们学校现在这个校长以前就是最好的私立学校的校长,然后教育局把他拨到我们学校来了,他要求必须要做公办学校的第一名,所以给到教师的压力负担比较重。校领导也都很拼,带着整个学校风气也内卷得很厉害,说实话我感觉好累"(Z老师)。学校的办学效益主要体现为由排名、声誉及其转化而来的利益追求,而升学率作为衡量学校办学质量高低的关键性指标,又需要依靠教师的教学投入来实现。当"绩效至上"的理念融入教育场景时,教育系统自身的生命力和活力就容易被简单的数字所替代,学校会被办学效益"绑架"而脱离育人本位,教师也会被外在的绩效考核等量化评价指标所压制,绩效考核的竞争最终也转化为学生学业成绩的比拼,从而导致支持教师和学生提升内在价值所需要的空间被挤掉。

从学校管理方式来看,虽然竞赛、会议、培训等活动对维持学校发展和提高教育教学质量具有促进作用,但由于当前中小学校在教育教学常规的管理中,仍充斥着许多频繁的、不必要的、重复性的、无实质意义的非教学活动,"现在还有三字一画之类的练字比赛,很多种形式的东西出现,会压缩我的备课时间,我觉得影响了教学质量"(Y老师);即使是正常的教育教学活动也流于形式,使得教师无效劳动现象突出,对教师来说,这只是一种沉重的外在负担,"会议时间长,效率不高,一张公示能解决的问题,非要采取开会的形式"(S老师),"课题研究任务和会议培训里有些是不必要的,因为质量实在太低,还不如不研究、不开会、不培训"(L老师)。另外,在教育信息化时代还出现了技术压力源[①],使得教师的工作场合从仅有的"线下"转变为"线上＋线下",这种工作模式打破了时间限制,延长了教师的法定工作时间,"学校有工作群,我们还有班级群,有的工作需要打卡,我感觉也是稍微有点烦。我们班主任年纪比较大,不太了解手机微信操作,都需要我们年轻老师去完成"(Q老师)。由此,绩效考核的竞争,工作任务中的形式主义,加上无限延伸的工作场合和时间,无不凸显出学校管理的高耗低效,影响着教师的自我完善,使其对自身角色定位的认同和期望产生巨大落差,工作热情逐渐冷却。

(三) 家长的过高期望与责任推卸

家长对教育事业投入热切的期望是正常的,但由于当前教师的工作职责边界仍不够清晰,家长会对教师持有许多非理性与不合理的期望和要求。首先,家长具有过高的功利性期望。虽然教师的主要职责是教书育人,但在现实的教育场景中,家长最关注的往往是学生的学业成绩。而家长这种对于学生成绩的高期望,最终也将落到教师身上,"现在有这个微信工作群,虽然家校联系更加紧密了,但是很多家长都不分工作和休息时间,晚上11点、12点给你发消息。尤其是在考完试之后立马给你发消息,让你分析孩子最近在学校的表现、成绩下降的原因,我觉得真的太离谱了"(C老师)。在这种功利化的追求中,教育容易缺乏对生命长远意义的关注,这不仅会忽视对学生个性特征、兴趣爱好的培育,还会使得教师无法保持积极、健康的工作状态,无法发挥学生生命成长的引路人作用,职责和使命被遮蔽、制约,"因为上令下行,教书和育人存在矛盾,所以我们只能更偏重提高学生成绩"(X老师)。

其次,为将孩子培养成"牛娃",家长对教师的要求也越来越高,不仅容易产生教育焦虑,还容易将教育责任推向学校与教师。一些中小学校缺乏食堂、安

---

① Christopher B. Califf and Stoney Brooks. An empirical study of techno-stressors, literacy facilitation, burnout, and turnover intention as experienced by K - 12 teachers [J]. Computers & Education, 2020,157.

保、生活等管理人员的配备,这些学校里的教师肩负着与学生健康成长相关的所有重任,包括学生的行为表现、心理健康、食宿生活、人身安全等,教师既要适应日益复杂的学生,也要对学生负管理责任,这迫使教师要不断提升自身的综合能力。对于学生在校期间出现的教育问题,一些家长对教师缺少尊重和信任,埋怨和质疑教师的能力,将原因都归结到学校和教师身上,"家校沟通一直是教师工作的重难点,一部分家长平时惯着宠着孩子,可能会比较难沟通,甚至不配合我们的工作"(Y老师);一些家长甘愿当孩子成长发展过程中沉默的旁观者,将原本家庭应当承担的教育责任也完全推给教师,"很多孩子行为这方面就是比较难管,然后我去找家长,家长也是敷衍了事"(P老师),归根到底是家校合作的桥梁未搭建好,使得教师陷入"管与不管"的困境,无法潜心教书育人。

(四) 职业素养匮乏与成长空间狭窄的冲突

首先,教师从容应对超负荷工作任务的前提是拥有较高的职业素养。但现实表明许多教师在处理教学性工作时,承受和适应能力有所不足,容易身心疲惫;在多重角色的强烈需求下,更凸显其心理资本的欠缺,"教师的潜在工作是比较多的,包括回家之后要备课,还要和家长进行沟通和交流,所以时间管理这方面对我的压力影响是最大的"(Q老师),主要表现为不自信、失去希望、乐观心态缺失、逆境毅力较差、抗挫能力较弱、情绪波动较大等,并可能产生焦虑、抑郁等更深层次的心理问题,"我们总说不能拼,但最后还是要拼,如果带的班级成绩不好,后面还要被约谈,会很有压力,导致我们会去卷。大家也不一定能理解我们,总觉得老师很轻松,但我们心态很容易崩"(L老师)。若这些心理健康问题得不到及时的发现、疏导或宣泄,长此以往教师则会形成职业倦怠。

其次,教师从事的是立德树人的事业,百年教育大计始终将教师队伍建设摆在突出位置,要求教师拥有过硬的专业素养和教育教学能力,因此每位教师都会将专业发展作为职业目标和理想。但在现实的教育场景中,教师的工作时间已变得越来越匮乏,并非他们自身懈怠导致时间浪费,而是因为较多精力被分散在与教学无关的杂事上,还需要协调管理教学与非教学事务之间的冲突,"既要兼顾教学,每日在业务能力上的提高也需要耗费很多的时间。如果是年轻老师,又要做班主任的话,在业务上就没有办法提高或者提高得缓慢,容易产生焦虑和对自己的不自信"(Z 老师)。由此,教师自我提升的时间和空间被挤压,迫使专业发展从他们的个人目标变成生存压力,"我其实是想要花一点时间留给自己去进行个人能力提升的,但是在学校这样的时间安排下,平时工作日下班以后到家太晚了,根本没有时间再去学习,到了周末我又想好好休息一下,所以说时间方面问题还是比较大的"(C 老师)。

五、中小学教师负担治理的对策建议

通过系统分析减负政策实施下中小学教师负担的来源及形成原因,可以发现减负清单上明确不应由教师来承担的事项已有所控制;部分负担虽得到关注,但由于减负力度把握不准,仍被"拴"在教师身上;而在教师减负清单之外也还存在一些隐藏负担。基于此,本研究从"减负增效"的立场为切实减轻中小学教师四大来源的负担提出针对性策略。

(一)将形式工作抛离教育场所,充分赋予教师教学自主权

中小学校的上级领导部门即各级党委政府、教育相关部门,是教育减负政策的执行主体,从该源头上减少非教育教学任务的下达更有利于切实"减负"。在教师已将绝大部分精力投入至教育教学工作的基础上,教育行政部门在填表评比检查等任务上不能对教师提出过高的要求,应该真正赋予教师以教学自主权。第一,应控制与教育教学无关、无实质意义等社会性事务的开展。教育相关部门在要求学校推行相关活动时要严格审核,筛选具有重要意义的、与教育教学相关的活动,同时限制社会性事务进校园的次数,每学期各中小学所承办的社会性活动不宜超过 5 次。第二,评估检查安排需合理高效,削弱其形式主义与重复性。迎检迎评目的在于对学校和教师进行督查考核,找出教育教学运作过程中的潜在问题,但检评频率过高会严重影响教师正常教学。相关部门应在每学期以季

度或月份为单位进行检评,避免高强度检评给教师带来心理压力。检评工作要将走访现场与提交材料相结合,由领导或行政人员主动入校,通过视察、听课进行直观的督导评估和检查验收,拒绝完全由学校上交纸质材料呈现工作情况的形式。同时有关部门应精简材料检查要求,让教师将更多的精力投入到工作而非整理材料中。第三,应建立教师个人工作档案。对于课题申报、荣誉评选、绩效考核、职称晋升等与教师密切相关的报表材料,教育行政部门可以采用电子信息化手段为教师建立个人工作档案并整理信息。相较于纸质档案,电子档案方便修改调用且准确性较高,交由专业的行政人员整理和审核也能使信息统一规范,避免了报表重复填写的弊端,也能减少一线教师在报表填写方面的非教学性工作量。

(二) 以科学的管理理念与方式,为教师创设轻松愉悦的工作氛围

学校作为教书育人的场所,其管理制度及环境氛围在很大程度上会影响教师的工作状态、职业认同感以及幸福感等,应在根本上将其区别于政府部门的科层制。因此,对来自学校层面的工作进行"减负"的重要举措是为教师专业发展提供良好的工作环境以及高效的学校管理规章制度。第一,调整中小学教师职务评定制度,尽量避免教师职称评定跟参与竞赛活动、课题研究等次数直接挂钩,防止教师因评优压力而不得不参加无关活动、被迫减少投入于教书育人的精力与时间。实行目录清单制度,严格审核并控制未列入清单或未经批准的无关活动。第二,改进各类与教育教学相关的教研、培训、会议的质量,内容相对简短的信息尽量通过书面通知向教师交代,避免出现"走过场"的问题,使之真正成为教师所需要的提升专业能力的方式。以教师需求为导向,在开展专业培训前先对教师教学情况和问题进行摸底调研,针对性地提供培训服务。第三,校长应发挥领袖作用。在教育治理现代化的背景下,校长科学的管理思想及价值导向对于引领教师和学校健康发展至关重要,校长所倡导的学校管理风格应是平等、合作的而非利益导向、竞争的,要及时掌握教师的思想和工作状况,促进教师个体融入集体,以自身力量驱使学校工作氛围积极向上。

（三）发挥家庭教育作用，减少学生和家长对教师的依赖程度

家长与教师之间的合理沟通与理解有利于增强学生的学习效果，但不合理、不规范的家校合作容易使得一方焦虑过度而一方负担过重，亟需"增效"。第一，要明晰和规范家校合作。教育信息化背景下，如微信工作群等新型家校合作方式仍缺乏一定的理性规则，亟需建立起良好的家校沟通合作机制，如明确家长与教师各自的教育责任与义务，避免由于权责不明而造成的主体间负担转移与混乱。第二，教师作为社会重点关注的角色，被投以高度期待。学校和教师应积极创造机会让家长更多地了解教育教学事务，理解教师职业所应对的社会高要求、高期待，从而正视教师的劳动特征，体谅教师教书育人的困难，从而使家长在与教师沟通的过程中多一些理解与尊重，少一些猜疑与不满。第三，完善教师工作的资源支持。通过建立智能化的教育教学平台让家长和教师实现智能沟通，教师可以及时在平台上更新各位学生的学业成绩、课堂表现、生活动态等在校情况及其对学生与家长的建议，避免教师对家长们进行重复性答疑，并减少家长的教育焦虑。另外，在"双减"政策实施背景下，还应充分利用社区、公益组织等社会力量参与课后服务供给、向学生提供优质教育资源，如聘请部分退休教师、有意愿的家长、社会专业人士提供托管等服务，从而减轻教师的课后工作负担。

（四）在自我管理与反思中提升专业化水平，加快推动教师专业发展

中小学教师减负政策在学生减负的热潮下关注教师专业发展，为教师提供有效激励与保障。除来自社会、学校、学生、家长等外部环境的负担外，与教师自身素质相关的压力也是减负重点。作为教师减负政策的执行客体，教师还应努力提高个人职业素质以实现"增效"。第一，重视自身综合能力提升与发展。当下教育环境多关注学生成长而缺少对教师专业发展的关注，因此教师在培养学生时也应根据教学对象合理进行自身职业规划。特别是在"双减"政策的影响下，教师应努力提高专业教学能力，打造高效课堂，避免低效超时课堂，转变教学理念，发展多元评价能力。教师工作时间是有限的，应学会掌握时间管理策略，既要考虑教育教学有效性，通过教育教学的研究与实践学会教学反思，满足学生与家长的合理需求，同时又要借助课外培训努力提高自身专业素养。第二，正确调整心理状态。教师负担容易导致教师产生心理问题，焦虑、抑郁也会加重教师负担，形成恶性循环。教师要及时进行情绪调整，保证良好的教学状态。首先要自我肯定，及时发现并摒弃工作产生的消极情绪，给予自己中肯评价；其次要学会寻求帮助，积极与同事沟通交流，特别是寻求经验丰富的教师的帮助，形成教师专业学习共同体；最后要学会在高强度教育环境中维护自身权益，严格执行相关政府部门与学校的合理规章安排，学会拒绝不合理的高压任务，为自己提供充足的休息时间以维持身心健康，保障工作与生活质量，从中获取激励与满足感。

第三节 教师"减负"政策视野中的教师职业角色研究

回顾近年来教师减负的政策节奏，可以看到，2019年1月，时任教育部部长陈宝生在全国教育工作会议上明确指出"全面清理和规范进学校的各类检查、考核、评比活动，实行目录清单制度，未列入清单或未经批准的不准开展，要把教师从'表叔''表哥'中解脱出来，更不能随意给学校和教师搞摊派"①。同年12月，中共中央办公厅、国务院办公厅印发的《关于减轻中小学教师负担进一步营造教育教学良好环境的若干意见》（以下简称《意见》）进一步指出需要为教师安心、精心、舒心从教创造更好的环境，切实减轻中小学教师负担，并要求各省市因地制宜出台中小学教师减负清单②。2020年，教育部在回复第十三届全国政协《关于强化措施机制，把时间还给中小学教师的提案》中强调，需要提高对教师减负工

---

① 陈宝生.落实　落实　再落实——在2019年全国教育工作会议上的讲话[J].人民教育，2019(Z1)：6—16.
② 中共中央办公厅、国务院办公厅.关于减轻中小学教师负担进一步营造教育教学良好环境的若干意见[EB/OL].(2019-12-15)[2022-02-28].http://www.moe.gov.cn/jyb_xxgk/moe_1777/moe_1778/201912/t20191215_412081.html.

作的思想认识,督促指导各地尽快出台具体减负清单并指导各地推进教师减负专项工作①。截至 2022 年 4 月,我国已有 31 个省份发布了关于中小学教师减负的清单、通知、意见等政策文本,对于中小学教师减轻职业负担的内容、范围做出了详细规定,进一步明确了中小学教师的工作边界与主体职责。

从这些政策文本来看,教师减负主要指减去中小学教师本职工作外的负担,这些负担也是导致教师职责泛化、教师角色异化、教师工作非专业化的重要因素。因此,厘清教师角色,让教师回归主业,是教师减负政策的重要目标。教师作为专业人员需承担教育教学专业责任,作为职业人员需承担尽职尽责的职业责任,作为公职人员需要承担国家民族教育的社会职责②,但如何科学地对教师职责边界进行划分,对教师工作进行优化调整是当前减负政策落地首先需要解决的重要问题。

一、教师角色的相关研究

(一) 角色与教师角色

"角色"是社会学领域中考查个人与社会互动关系的常用概念,起源于戏剧,德国社会学家齐美尔最早使用"角色"的概念。美国社会学家米德将这一概念引入社会学,并指出"角色是与某一特殊位置有关联的行为模式"③。后来,角色进入教育领域。作为教育的基本要素之一,教师在其岗位上承担着各种各样的角色,可以统称为"教师角色"。有学者提出,"教师角色"是指教师这一特殊社会群体依据社会的客观期望并凭借自己的主观能力,为适应所处环境所表现出来的

---

① 中共中央教育部.关于政协十三届全国委员会第三次会议第 3252 号(教育类 309 号)提案答复的函[EB/OL].(2020 - 12 - 11).http://www.moe.gov.cn/jyb_xxgk/xxgk_jyta/jyta_jiaoshisi/202012/t20201211_504973.html.

② 龙宝新,杨静,蔡婉怡.中小学教师负担的生成逻辑及其纾解之道——基于对全国 27 个省份中小学教师减负清单的分析[J].当代教育科学,2021(5):62—71.

③ [美]乔治·H.米德.心灵、自我与社会[M].赵月瑟,译.上海:上海译文出版社,1997:129.

特定行为方式①。它既包含着学校对教师行为规范的客观要求，又包含着由于教师人格结构与心理状态的差异造成的个人主观色彩。在不同理论流派、不同划分标准之下，教师角色有不同的类型。早期的研究者认为，教师是"知识本体"，也就是说教师的角色定位是"知识的传授者"。如韩愈在《师说》中曾言，"师者，所以传道受业解惑也"。20世纪中期开始，受人本主义教育理论影响，学者们开始强调学习者的学习动机和主观能动性，认为教师的角色是激发学习者的学习动机。因此，在人文主义流派看来，教师作为学习的促进者，应该从教学生知识和如何学习知识的教书者转变成为学生学习手段的提供者，让学生自己决定应当如何学习。20世纪70年代开始，以皮亚杰为代表的建构主义流派认为，教师是学生学习的建构者和引导者，通过启发、诱导等方式促进学生不断思考，从而获得对新知识的理解；同时，教师也是主体知识的积极学习者，通过与外界的沟通交流不断增长经验，并将反思得出的教育规律再运用于实践之中②。此后，教师角色研究进一步丰富和发展。杜威曾在其著作中倡导实用主义的教师观，他认为传统教育中以教师为课堂中心的教育理念不利于学生的发展，倡导现代教育中的教师应成为"做中学"活动中的参与者、协作者和思维发展的培养者。受杜威思想的影响，艾德勒等实用主义流派的学者提出，教师既是"学习者"又是"反思型教学实践者"③，他们需要在实践中不断反思，促进理论和实践的统一。从微观的角度，教师角色又有比较细致的分类。如从学科课程角度，教师角色可以分为课程开发者、设计者、建构者、研究者、实施者；从师生关系角度，教师角色可以分为学生学习的激励者、学生心理健康的维护者、师生交往中的倾听者；从教育管理角度，教师角色主要有班级民主管理的参与者、活动中人际关系的协调者；从个体发展角度，教师角色主要有终身学习者、行动研究者、反思实践者等④。

---

① 巩建华.国外教师角色研究述评[J].上海教育科研,2011(10):35—39.
② 张雅军.建构主义指导下的自主学习理论与实践[M].武汉:华中师范大学出版社,2012:15—28.
③ Susan A. The reflective practitioner and curriculum of teacher education[J]. Journal of Education for Teaching, 1991.
④ 张丹."双肩挑"教师角色压力的质性研究[D].重庆:西南大学,2021.

(二) 教师角色期待

在组织情境下,角色可以被认为是对某一特定地位占有者的一系列期望,具体表现为规范、信仰和偏好等,而这些期望主要来自该地位占有者自身以及组织内外的其他相关者,即"角色集"[1][2]。因此,社会组织最终是由各种不同地位和期望的网络组成的。这种由地位、网络及相关期望组成的社会结构客观上规范和制约着个体角色扮演者的行为[3]。当前,受到特定情境和组织环境的影响,中小学教师肩负着多种角色期待。有学者从互动仪式链视域下的教育仪式中探究教师的角色期待,指出在诸如入学典礼、高考誓师大会、毕业典礼、班委选举、班级联谊会、上课或下课师生问好等具有集体共识的定型化程序的正式仪式,以及课程引入、知识点传授、主题研讨、师生答疑、作业解析等缺乏定型化程序的"自然仪式"中,教师作为人类劳动经验的中介者、知识的代理人和课堂仪式的主持人,首先是"公共行为人"。同时,通过对集体兴奋的掌控,教师还充当着"过程的把控者"。另外,教师还是"市场调节员",依据情感市场规律预测、控制并引导着仪式参与者的行为[4]。有学者从"职业角色"的定义出发,认为教师教育工作者不仅仅是对职前教师和在职教师进行教育的培训者,更是以满腔热忱投身于教师教育活动并获取对其深刻理解的专门家。他们的职业角色包括从事探索教师教育方法的研究,积极参与制定教师教育政策的工作,加入进行实践指导和开展项目研究的学术团体等。概括而论,可以将教师职业角色的角色期待归纳为教师的教师、研究者、指导者、守门人和课程开发者五大类别[5]。伴随着数字时代的到来,人类社会生产、生活和思维方式的巨大变化,对教师角色也提出了具有自身

---

① Mary Van Sell. Role Conflict and Role Ambiguity: Integration of the Literature and Directions for Future Research [J]. Human Relations, 1981,34(1):43-71.

② B.J. Biddle. Recent Development in Role Theory [J]. Annual Review of Sociology, 1986, 12:67-92.

③ 乔纳森·H·特纳. 社会学理论的结构[M].北京:华夏出版社,2007.135.

④ 康翠萍,王之.论教育仪式中的教师角色及其功能定位[J].教师教育教究,2021,33(4):26—31.

⑤ 李芒,李岩.教师教育者五大角色探析[J].教师教育研究,2016,28(4):14—19.

时代发展基因的角色期待。在新的文化场域中,教师既是全球化的推动者,又是国家安全特别是文化安全的捍卫者;既是多元文化的传播者,又是民族文化的守护者;既是教育新思维新方法的引介者,又是优秀传统教育理念的推广者①。还有学者指出,教育人工智能场域也对教师角色提出了新的要求:在教学功能方面,教师可扮演基于证据的个性化教学决策者与分析者;在辅导功能方面,教师需成为智能时代学生辅导的情感补位者;在管理功能方面,教师需成为非常规类班级及行政管理的人力保障者②。可以预见的是,随着经济社会的发展和教育事业的不断进步,社会对教师的角色期待以及教师对自身的角色期待将越来越多元化。

(三) 教师角色冲突

《社会心理学词典》将角色冲突定义为"个人扮演一个角色或同时扮演几个不同的社会角色时,由于各个角色的要求不同而无法同时满足时,导致内心的矛盾而产生焦虑和不安"③。在日常的教育教学工作中,当教师面对不同角色发送者传递的角色期待,且角色期待呈现模糊性、冲突性和过量性时,就会产生角色压力。而当教师为实现与其身份、地位相对应的权利和义务,但实际的行为和态度与外部期望的态度和行为不一致时,就会造成角色冲突。有学者指出教师角色冲突实质上是教师角色文化间的冲突,可以归结为以下几种:在教学内容上表现为知识传承者的角色文化与知识开拓者的角色文化之间的冲突;在教学目标的体现上表现为以学校为本的角色文化与以学科为本的角色文化之间的冲突;在教学方式的运用上表现为权威型教师的角色文化与朋友型教师的角色文化之间的冲突;在教学理想的追求上表现为学术型教师的角色文化与管理型教师的角色文化之间的冲突④。国内关于教师角色冲突的分类研究得到的比较一致的

---

① 柳翔浩. 数字时代教师的角色焦虑及其消解路向[J]. 教育研究,2017,38(12):112—118.
② 赵磊磊,马玉菲,代蕊华. 教育人工智能场域下教师角色与行动取向[J]. 中国远程教育,2021(7):58—66.
③ 时蓉华. 社会心理学词典[Z]. 成都:四川人民出版社,1998:72—73.
④ 樊小雪,王安全. 教师角色冲突的文化成因及调试[J]. 当代教育科学,2014(24):47—49.

结论是,将角色冲突分为角色间冲突和角色内冲突。角色内冲突包括:个人扮演一个角色时,对理想角色的认识与对实际角色行为的认识发生矛盾;个人扮演一个角色时,面对两个(或两个以上)角色要求不能契合的情况下体验到的角色冲突;个体变换角色时产生的新旧冲突。角色外冲突包括:不同社会地位的占有者对特定角色缺乏一致意见所产生的冲突;个体同时扮演几个角色时产生的多重角色冲突[①]。在规训场域中,又有学者提出教师存在规训者与被规训者的角色冲突。学校作为规训的主要场所,是权力实践的场所,国家将权力真正时时刻刻地赋予到个人。从表层来看,教师是规训者,是教育系统的强势群体、国家权力在学校的代言人、权力的实施者,用种种手段与策略规训着学生。但同时教师也是被规训者。教师作为一种职业,其背后是被职业性、被职业化的人格。教师处于被规训的困境,承受着种种规训,戴着镣铐与枷锁跳舞[②]。当然,无论何种形式的冲突,如若得不到及时有效的化解,必将给角色承担者带来负面影响。特别是教师这一群体,承担着诸多角色,伴随而来的是高负荷的职业压力,包括工作压力、专业压力、时间压力和精神压力等,承受多重压力势必以教师的身心健康为代价[③]。本研究将借助"角色理论"来分析教师减负政策与教育系统内部其他政策之间产生的教师角色冲突,并为协调教师角色、实现中小学教师减负提出可行的解决路径。

二、研究设计

本研究以我国中小学教师减负政策文本为研究对象。通过中华人民共和国教育部政府门户网站、各省人民政府官方网站及教育厅网站等检索"教师减负"

---

① 张人杰. 教师角色冲突解决方法的教育社会学研究之批判[J]. 华东师范大学学报(教育科学版),2007(4):12—20.
② 于宗助,朱成科. 规训者与被规训者——规训场域中教师角色的再审视[J]. 教育理论与实践,2017,37(22):34—37.
③ 靳娟娟,俞国良. 教师心理健康问题与调适:角色理论视角的考量[J]. 教师教育研究,2021,33(6):45—51.

相关的政策清单与政策文本,截至 2022 年 3 月 1 日,共收集 538 条相关通知、清单、意见、报道等,经过研究团队逐一阅读与筛选,最终确定来自我国中共中央办公厅以及 31 个省份发布的 38 份中小学教师减负政策官方文本作为本研究的样本资料,具体如表 3-4 所示:

表 3-4　我国各省份中小学教师"减负"政策

省份	发布时间	发布单位	政策名称
北京市	2020.12.30	中共北京市委办公厅、北京市人民政府办公厅	《关于减轻中小学教师负担进一步营造教育教学良好环境的若干措施》
天津市	2021.5.31	中共天津市委办公厅、天津市人民政府办公厅	《天津市中小学教师减负清单》
	2021.6.4	天津市教育委员会	《关于进一步做好 2021 年我市中小学教师减负工作的通知》
上海市	2021.2.5	中共上海市委办公厅、上海市政府办公厅	《上海市减轻中小学教师负担进一步营造教育教学良好环境的措施》
重庆市	2020.9.9	中共重庆市委办公厅、重庆市人民政府办公厅	《重庆市中小学教师减负清单》
河北省	2020.7.3	中共河北省委办公厅、河北省人民政府办公厅	《关于减轻中小学教师负担进一步营造教育教学良好环境的若干措施》
山西省	2020.12.11	中共山西省委办公厅、山西省人民政府办公厅	《山西省中小学教师减负清单》
辽宁省	2021.5.13	辽宁省教育厅	《辽宁省减轻中小学校和教师负担十条措施》
吉林省	2020.9.24	中共吉林省委办公厅、吉林省政府办公厅	《吉林省中小学教师减负清单》
黑龙江省	2020.11.25	中共黑龙江省委办公厅、黑龙江省人民政府办公厅	《黑龙江省中小学教师减负工作清单》
江苏省	2019.12.25	江苏省教育厅	《省教育厅关于做好减轻中小学教师不合理工作负担专项整治工作的通知》

省份	发布时间	发布单位	政策名称
	2020.11.22	中共江苏省委办公厅、江苏省人民政府办公厅	《关于切实减轻中小学教师负担进一步营造教育教学良好环境的通知》
浙江省	2021.2.18	中共浙江省委办公厅、浙江省人民政府办公厅	《关于进一步减轻中小学教师负担营造教育教学良好环境的实施意见》
安徽省	2020.7.9	中共安徽省委办公厅、安徽省人民政府办公厅	《安徽省减轻中小学教师负担清单》
	2020.8.12	中共安徽省委教育工委、安徽省教育厅	《关于全面贯彻落实中央、省委决策部署切实减轻中小学教师负担的通知》
福建省	2020.12.10	中共福建省委办公厅、福建省人民政府办公厅	《福建省中小学教师减负清单》
江西省	2020.6.3	中共江西省委办公厅、江西省人民政府办公厅	《江西省减轻中小学教师负担十八条措施》
山东省	2021.1.15	中共山东省委办公厅、山东省人民政府办公厅	《山东省中小学教师减负清单》
河南省	2021.1.14	中共河南省委办公厅、河南省人民政府办公厅	《河南省中小学教师减负清单》
湖北省	2020.8.3	中共湖北省委办公厅、湖北省人民政府办公厅	《湖北省中小学教师减负清单》
湖南省	2020.12.16	中共湖南省委办公厅、湖南省人民政府办公厅	《湖南省中小学教师减负清单》
广东省	2021.5.31	中共广东省委办公厅、广东省人民政府办公厅	《关于减轻中小学教师负担进一步营造教育教学良好环境的实施方案》
海南省	2020.8.15	中共海南省委办公厅、海南省人民政府办公厅	《海南省中小学教师减负措施清单》
四川省	2020.9.14	中共四川省委教育工作领导小组	《四川省中小学教师减负清单》

省份	发布时间	发布单位	政策名称
贵州省	2020.6.16	中共贵州省委办公厅、贵州省人民政府办公厅	《关于减轻中小学教师负担进一步营造教育教学良好环境的实施意见》
云南省	2020.11.9	中共云南省委办公厅、云南省人民政府办公厅	《关于减轻中小学教师负担进一步营造教育教学良好环境的实施意见》
陕西省	2021.1.6	中共陕西省委办公厅、陕西省人民政府办公厅	《陕西省中小学教师减负清单》
甘肃省	2021.2.3	中共甘肃省委办公厅、甘肃省人民政府办公厅	《甘肃省中小学教师减负清单》
青海省	2020.11.20	中共青海省委办公厅、青海省人民政府办公厅	《关于做好中小学教师减负进一步营造良好教育教学环境的通知》
内蒙古自治区	2020.10.21	内蒙古自治区党委办公厅、内蒙古自治区人民政府办公厅	《内蒙古自治区中小学教师减负清单》
广西壮族自治区	2020.5.27	广西壮族自治区党委办公厅、广西壮族自治区人民政府办公厅	《广西中小学教师减负清单》
西藏自治区	2021.2.10	中共西藏自治区委员会办公厅、西藏自治区人民政府办公厅	《西藏自治区中小学教师减负清单》
宁夏回族自治区	2021.2.20	宁夏回族自治区党委办公厅、宁夏回族自治区政府办公厅	《关于减轻中小学教师负担的具体措施》
新疆维吾尔族自治区	2020.12.18	新疆维吾尔族自治区党委办公厅、新疆维吾尔族自治区人民政府办公厅	《自治区中小学教师减负清单》

　　本研究的核心思路是:政策研究逻辑起点——教师负担核心内涵—教师"减负"政策现状——教师"减负"政策生态——教师减负长效机制。首先,基于我国中小学教师"减负"政策和教师职业负担相关文献进行理论研究,确定中小学教师职业负担的核心内涵;其次,利用内容分析法对相关文献进行分析;再次,立足

教师角色与教育政策生态角度总结归纳出我国中小学教师角色异化的实然形象与特征,主要包括"街头官僚""社会义工"与"外派学员"三种类型。最后对中小学教师回归应然角色的长效机制提出政策建议。

三、教师减负政策的多维度分析

(一) 教师减负政策的关键词频分析

本研究中,"教师减负政策"专指中共中央办公厅、国务院办公厅 2019 年印发的《关于减轻中小学教师负担进一步营造教育教学良好环境的若干意见》(下文简称《意见》),在《意见》中,两办明确要求省级党委和政府要根据意见精神,列出具体减负清单,扎实推进减轻中小学教师负担工作取得实效。截至目前,各地都已陆续发布了实施方案和清单。使用"教师减负""减轻中小学教师负担"等关键词在各省、自治区、直辖市的政府和教育厅/教育委员会官网搜索查询,经仔细研读与整理,筛选出 31 省(港澳台除外)的 34 份政策文件(天津市、安徽省、江苏省三地各 2 份),主要筛选依据即由省级党委、省级政府或省级教育部门颁布的官方文件。以省/市/自治区为单位建立文档,汇总为 31 份,加之两办的《意见》,总计 32 个文档。对这些政策文本的政策名称、发文时间、发文单位进行分类标注,形成政策文本分析的基础材料。使用 NVivo12plus 进行词频统计,关键词能充分反映政策文本的内容并高度概括政策的核心内容,关键词选取遵循"代表性、全面性、独立性、假设性"这四个原则[①]。鉴于文本在本研究中的价值,研究对部分相近或无实意的字词做了筛除,最终依照关键词词组出现的频数即统计数值按从大到小的顺序依次排序,得到的关键词、词频和权重如下所示。频次在320 及以上的词汇总计 13 个(如表 3 - 5 所示),分别是"教师""教育""工作""中小学""部门""不得""教学""活动""安排""开展""考核""党委"和"学校"。

---

① 孙蕊,吴金希. 我国战略性新兴产业政策文本量化研究[J]. 科学学与科学技术管理,2015,36(02):3—9.

表 3-5　政策文本词频计数

高频词	频数	加权百分比(%)	高频词	频数	加权百分比(%)
教师	1 508	4.07	活动	421	1.14
教育	1 270	3.43	安排	394	1.06
工作	760	2.05	开展	390	1.05
中小学	688	1.86	考核	356	0.96
部门	628	1.70	党委	337	0.91
不得	623	1.68	学校	325	0.88
教学	486	1.31			

1. 中小学教师作为减负的对象

分析结果显示在所有文本内容中,"教师"一词出现1 508次,教师是教师减负政策的对象,可以预见,凡是减负文件或清单中涉及规定条目的主语,必然出现"教师"两个字。实际上,本次《意见》针对的减负对象更加明确,特指"中小学教师",从而"中小学"一词在政策文本中的出现频率也较高,位列第四,频数总计688次。中小学教师工作的综合性、长期性、复杂性,使其负担日益深重,因而成为特别关注的群体。

2. 教育教学作为教师的本职工作

"教育"和"教学"两个词具有与"教师"密切相关的属性,分别出现了1 270次和486次。教师的本职工作便是教育教学,减负文件或清单在规定"减"去教师本职工作外的其他工作负担时,常常会提及"教育教学",即做好本职工作是教师的第一要务,凡是与"教育教学"无关的工作内容,都应成为要"减"的"负"。而"教育"一词之所以远远高于"教学",是因为它还常常搭配其他词汇出现,如出现了628次的"部门"。"教育部门"是减负政策牵头实施的主体,政策文本中对"教育部门"提出的要求也使"教育"一词出现的频率有所增加。

3. 各种"工作"和"活动"成为教师负担的主要来源

除了教育教学,教师在学校中还承担着其他工作,有些是职责内的,有些则是外界强行赋予的。当强行赋予的工作或无关工作的活动大量占用时间、消耗精力,影响到本职工作的开展,就极有可能转化为教师负担。在政策文本中与"工作"(排序第三,计数760)关联度最高、出现频次最多的是教育统计工作(29个文件中出现,总计31次)、专项工作(26个文件中出现,总计28次)、报表填写工作(21个文件中出现,总计35次)、工作评价(21个文件中出现,总计21次)。另一个高频词"活动"(排序第八,计数421),与之相关度最高的是教育宣传活动(28个文件中出现,总计31次)和调研活动(24个文件中出现,总计26次)。还有"考核"作为具备工作与活动属性的词汇出现了356次。这些工作/活动日益超出教师的职责与义务,成为教师负担的主要来源。对于教育统计工作,政策文本基本都要求严格规范、按程序报批备案;对于专项工作(如维护稳定、扫黑除恶、防灾减灾、消防安全、交通安全、垃圾分类、防疫防艾等),政策文本规定的内容是不得影响正常的教育教学;对于报表填写工作,要求统筹规范、精简流程;工作评价方面,则不得以应用程序上传等方式代替实际工作评价;至于教育宣传活动,基本建议科学安排;调研活动的政策倾向也是严格规范,杜绝不同部门多头和重复调研;而各类考核事项则建议做出简化和改进。

4. 教师负担需要强有力的政策效力来减轻

研究使用NVivo12plus的自动编码识别所有文本的情感,结果显示编码参考点非常负向的有207处,较为负向的有194处,较为正向的有330处,非常正向的有0处,负向情感多于正向情感(如图3-1所示)。仔细审读两办的《意见》和31省份的教师"减负"政策可以发现,政策内容虽然在整体框架上的表达主要以建议和要求为主,对减轻中小学教师负担提出一些比较中肯的意见,但详细内容中却屡屡以明令禁止的表达居多,呈现出负向的情感。"不得"一词在文本内容中的高频出现也证实了这一点(排序第六,总计出现了623次)。"安排"与"开展"两个词的词频也较高,分别出现了394次和390次,"不得开展""不得安排"等否定词加宾语的搭配从侧面体现了教师负担需要强有力的政策效力来减轻,只有在强有力的外部政策执行下,才能统筹规范中小学教师的相关事务。

5. 党委和学校在教师减负中应有所作为

在词频分析结果中,有两个主体出现的频率较高,一是党委,出现了337次,

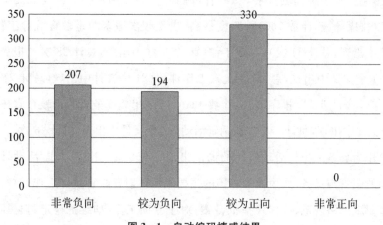

图 3-1　自动编码情感结果

二是学校,出现了 325 次。提及"党委"的短语中,"党委审批备案"(21 个文件中出现,总计 41 次)和"党委教育工作"(16 个文件中出现,总计 23 次)与"党委"的关联度较高。需要党委审批备案的主要是一些可能会给中小学教师增负的工作,如涉及中小学校和教师的督查检查评比考核事项、涉及中小学校和教师的教育统计工作、借用中小学教师参与贯彻落实党和国家重大决策部署任务,等等。"党委教育工作"主要指各级党委教育工作领导小组,在教师减负中,它们的作用是加强统筹协调、宣传引导、督促落实。提及"学校"的短语中,"中小学校"(18 个文件中出现,总计 52 次)和"学校办学自主权"(11 个文件中出现,总计 11 次)与"学校"的关联度较高。中小学教师是减负的对象,中小学校自然有落实减负的责任。而学校的办学自主权与教师的各项权益往往被同时提及,政策要求"依法保障学校办学自主权和中小学教师各项权益"。保障学校办学自主权的意义在于减少对中小学的行政干预,加大学校的自主性,从而进一步实现学校在教师减负方面的自主性决定。党委和学校作为教师减负政策生态中的重要主体,应在减负工作中积极作为。

(二) 教师减负清单映射的教师角色分析

《中华人民共和国教师法》明确规定教师是履行教育教学职责的专业人员,

其重要使命是培养社会主义事业建设者和接班人，可见，"教育者"是教师的本职角色，"教书"与"育人"是教师本职角色的重要表征。一方面，从我国中小学教师减负政策清单可以看出，当前我国中小学教师职业负担过重，其主要影响因素来源于检查评比考核事项、社会事务、相关报表填写工作、抽调借用中小学教师等方面。另外一方面，教师减负清单也映射出目前我国中小学教师角色的异化与冲突，教师功能的过载与模糊，具体表现为教师承担过多的非教育教学本职工作，例如中小学教师的大部分时间用在学生管理、家校沟通和临时性行政事务的处理等方面①，且普遍超负荷运转，具体表现为工作时间长且工作构成与分配不合理，工作任务重且非教学工作过多②。可见，当前教师角色的异化引发了教师对于自身职业角色定位的焦虑，新时代背景下如何明晰教师角色是当前需要关注的重点内容，只有在明确当前中小学教师角色模糊与功能过载的基础上，才能做到精准减负以及构建中小学教师"减负"长效机制。

教师职业角色具有复杂性、创造性、主体性、示范性、长期性和间接性等诸多特点，也导致教师角色本身就具有多样性与复杂性，教师职业本身扮演着组织者角色、交流者角色、激发者角色、管理者角色、革新者角色、咨询者角色、伦理者角色、职业角色、政治角色、法律角色等多种角色③。但在多重角色冲突中，如何确保中小学教师回归教育教学工作者的应然角色及"教书育人"的本职功能，是目前落实教师减负政策与构建中小学教师减负长效机制的重要基础。本研究基于教师角色相关理论和《中华人民共和国教师法》，以《关于减轻中小学教师负担进一步营造教育教学良好环境的若干意见》为指导，对我国 31 个省份的中小学教师减负政策清单进行划分，通过"减负"清单总结凝练出教师"减负"政策背景下中小学教师的实然异化形象。基于专业人士的角度，教师在教育教学工作中，需要被抽调借用与参加培训，但当前教师被抽调借用的情况过于频繁，且经常参加

---

① 张小菊,管明悦. 如何实现小学教师工作量的减负增效——基于某小学教师 40 天工作时间的实地调查[J]. 全球教育展望,2019,48(6):97—109.
② 李新翠. 中小学教师工作量的超负荷与有效调适[J]. 中国教育学刊,2016(2):56—60.
③ [美]约翰·麦金太尔,玛丽·约. 教师角色[M].丁怡,译. 北京:中国轻工业出版社,2002.

无关培训,导致教师工作的专业负担过重,因此教师在此过程中的角色异化为"外派学员"型,其主要功能是被抽调借用和参加无关培训活动。基于教育行政体制的角度,中小学教师目前正处于教育行政体系的末端与基层一线,美国政治学家李普斯基在《走向街头官僚理论》中指出,低层次行政执行单位同时也是最前线的政府工作人员,包括公立学校的教师、警察、社会工作者等,根据我国中小学教师的工作特点与形式,可以将我国中小学一线教师纳入"街头官僚"的范围。中小学教师角色异化为"街头官僚"型的典型特征与具体功能是需要在学校和政府部门的要求下完成各种督查、检查、评比、考核、填写报表与调研等事项,这也是导致教师角色异化的重要因素。基于中小学教师跨界工作的角度,其职业负担还有一部分来自完成各种与教育教学无关的工作,如扶贫、街道社区事务、宣传活动、消防、城市评优等事务,教师在此过程中的角色异化为"社会义工"型,显著特点是职业负担源于完成与教育教学无关的社会性事务。综上,基于中小学教师"减负"政策可以将教师角色异化分为"街头官僚"型、"社会义工"型和"外派学员"型三种类型,具体的教师角色异化类型、功能及各省份情况如表 3-6、表 3-7 及图 3-2 所示。

表 3-6　教师"减负"政策下的中小学教师实然角色与功能

教师角色	教师功能	"减负"政策相关表述
"街头官僚"型	完成各种督查、检查、评比、考核等事项,以及诸多报表填写与调研工作	依法依规开展督查检查评比考核;清理精简现有督查检查评比考核事项;改进督查检查评比考核方式方法;规范精简各类报表填写;严格规范教育统计和调研工作;提升数据采集信息化水平等。
"社会义工"型	完成与教育教学无关的社会事务	规范部署扶贫任务;合理安排专项任务;合理安排城市创优评先任务;合理安排街道社区事务;科学安排有关教育宣传活动;坚决杜绝强制摊派无关事务等。
"外派学员"型	被抽调借用与参加无关的培训活动	从严规范借用中小学教师的行为;切实避免安排中小学教师参加无关培训活动等。

表 3-7　各省政策下的中小学教师角色异化统计表

教师角色 / 省份	"街头官僚"型	"社会义工"型	"外派学员"型	教师角色 / 省份	"街头官僚"型	"社会义工"型	"外派学员"型
北京市	17	10	4	湖北省	6	5	2
天津市	15	6	10	湖南省	6	7	2
上海市	6	4	2	广东省	7	7	2
重庆市	4	6	2	海南省	9	4	4
河北省	10	9	5	四川省	5	9	2
山西省	14	5	2	贵州省	11	22	7
辽宁省	3	4	2	云南省	8	7	2
吉林省	6	5	2	陕西省	8	5	2
黑龙江省	7	10	3	甘肃省	6	12	2
江苏省	7	3	1	青海省	7	1	2
浙江省	11	9	4	内蒙古自治区	14	9	3
安徽省	8	8	3	广西壮族自治区	4	11	2
福建省	7	7	4	西藏自治区	5	3	2
江西省	6	6	1	宁夏回族自治区	4	4	1
山东省	7	9	4	新疆维吾尔族自治区	13	7	2
河南省	6	7	3				

1. 政策指向"街头官僚"型角色最多,指向"外派学员"型角色最少

首先,整体来看,各省政策总体上遵循《意见》的内容,但各省份具体的减负条目根据各省的实际情况有补充调整。从相关政策条目可以看出,当前中小学教师作为社会管理事务的"救火者",承担着诸多社会性的事务,导致中小学教师对外部社会支持过多,但外部社会对中小学教师支持过少,因此教师减负需要处理的是教师与外部社会的关系问题。教师应在外部社会扮演什么角色、发挥什么样的功能,是需要基于教师"教书育人"的本职角色与功能进行扩展和与时俱进的,但这并不意味教师权责的无限扩大和教师功能的不断扩展,教师需要基于一定的权责边界与外部社会进行有效互动与适配。其次,各省份中小学教师"减负"政策中指向"街头官僚"型教师异化角色的具体条目最多,共 247 条,即针对

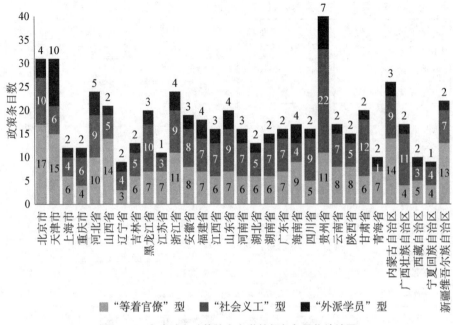

图 3-2　各省减负政策的中小学教师角色异化统计图

统筹规划督查检查评比考核及规范填写报表与调研工作的条目最多,各省相关政策条目大多都在 6 条及以上。各省中小学教师"减负"政策中指向"外派学员"型的教师异化角色的具体条目最少,共 91 条,各省份大多数在 4 条及以下。说明中小学教师的负担多来源于完成督查、检查、评比、考核、调研、填写报表等事项。此外,指向"社会义工"型的教师异化角色的具体条目相差不大,共 222 条,各省份大多数在 3 至 9 条之间。综上可知,统筹规范社会事务进校园和非教育教学直接相关的专业性事务,是我国当前中小学教师减负的重点方向。最后,教师"减负"政策实施的责任主体为政府部门及学校,通过对各省教师减负清单文本的统计,发现政策条目大多针对政府部门及学校,表明政府部门和学校是落实教师减负政策的核心责任主体。但在现实的教育行政体系中,中小学教师作为教育体系中的"街头官僚",在教育教学一线承担着最基层的工作,因此关于教师减负政策条目的制定实施如何反映中小学教师"自下而上"的要求这一点尤为重要。

2. "减负"政策映射出教师角色的多重异化与冲突

教师角色本就具有广泛性、复杂性、多样性的特点,但当前中小学的教师角色呈现出多重异化现象,具体表现为教师工作范围延伸、工作界限扩大、教师角色在"专业"和"非专业"之间游离,导致其逐渐脱离"教书育人"的本职角色,教师角色正面临着多重异化的风险与挑战。首先,由表3-7和图3-2可知,在各省发布的关于中小学教师"减负"的意见、通知、清单等政策中,中小学教师减负清单条项在三种教师角色中的具体条目数量各不相同,但都从不同外部层面刻画了教师减负政策下的中小学教师的实然形象,其显著特征是"忙碌""茫然"与"盲目",反映出中小学教师工作负担过量、过杂和调控不力等诸多特征①。其次,中小学教师职责范围的扩大也导致了教师角色的冲突,当前中小学教师需要完成诸多教育教学本职工作外的任务,导致其"身兼数职",职业的边界更加模糊,在这种情况下,政府部门、学校、家长与学生等各方赋予教师的期待无限扩大,最终导致教师的实然角色之间、实然角色与应然角色之间的多重冲突。最后,教师角色期待的内外部冲突最终导致教师教学效能降低、教育焦虑、职业倦怠等情况出现,并最终影响教师的教学效果,限制其专业化水平的提高。从教师减负政策来看,中小学教师的负担主要来源于外部,基础教育过于行政化的管理体系,导致教师角色异化为"街头官僚""社会义工""外派学员",多重教师角色的交叉重叠冲淡了教师作为教育教学专业人士的本职角色。此外,教师在外部负担过量下产生的内部心理负担同样需要重视,繁重的外部工作负担会导致教师仅满足规章制度内的工作要求②,按部就班地进行工作,教师也会以非理性权威者的角色进行教学,从而难以用平等交流和心灵沟通的方式进行教育教学③,最终导致教育教学工作失去生机与活力。

---

① 李跃雪,赵慧君.中小学教师工作负担异化的生成逻辑与治理思路[J].教师教育研究,2020,32(3):67—72.
② 孔祥渊."不出错"的师德观:表现、原因及其破解[J].教育科学研究,2019(4):6—72.
③ 贺慧星,邓志伟.弗洛姆对教育异化的伦理批判[J].湖南师范大学社会科学学报,2017(2):57—63.

3. "减负"政策映射出教师功能过载与模糊

首先,当前中小学教师功能过载与模糊情况严峻,教师在完成不同事务的过程中,其权责边界在无限扩大,无法集中时间、精力完成教书育人的主业,教师功能也在各种外部负担下面临着多重异化,已经脱离"教育育人"的应然角色与本职功能。其次,当前社会对教师的角色期待以及教师对自身的角色期待将越来越多元化、复杂化和重叠化。从外部社会对教师功能的期待来讲,中小学教师需要承担诸多与教育教学无关的社会事务,社会事务是教师与外部社会沟通的有效桥梁,但在此过程中,教师功能呈现出宽泛化、游离化、偏离主职化等特征。从学校内部对中小学教师的功能期待来讲,中小学教师需要完成各种督查、检查、评比、考核、填写报表、调研工作、抽调借用、参加培训等事项,且随着教学方式、教学任务、教学技术等的日益多元化与复杂化,信息技术发展将造成教师负担短期减轻、长期增加的必然趋势①,中小学教师职业直接相关与间接相关的工作负担更加繁杂,导致教师职业倦怠、教学效能感降低、工作效率与效能降低、教学信念动摇等情况的发生,最终让教师陷入消极循环中并影响教育教学质量和教师专业化水平的提高。最后,教师角色异化与教师功能过载紧密联系,在实际的教育教学工作中,教师功能的过载势必导致教师角色的异化,且政府部门和学校给中小学教师的各种任务部署会让教师角色相互交叉,可见教师功能过载与教师角色异化也是多种因素共同影响的结果。教师的本职工作及功能、教师的非本职工作及功能、教师自身的职业期待、外界对教师角色的期待等要素相互交错与重叠,最终从内外部空间导致了教师职业负担过重现状的出现,这也是中小学教师职业负担来源的本质逻辑与重要原因。目前中小学教师"去专业化"与多样化功能特征明显,我国也出台了诸多中小学教师减负政策,旨在教师减负与帮助教师回归"再专业化"的专业自主角色,但中小学教师负担反而更重②,因此如何帮

---

① 赵健.技术时代的教师负担:理解教育数字化转型的一个新视角[J].教育研究,2021,42(11):151—159.
② 钟景迅,刘泱.教师减负的悖论:去专业化的困境与再专业化的陷阱[J].清华大学教育研究,2021,42(6):80—90.

助教师走出"去专业化"的困境,并确定中小学教师的功能范围与主体权责,是目前中小学教师减负政策实施的重难点。

第四节　教师"减负"的政策生态研究

"生态"原是自然科学中的基本概念,指"一定空间内生物群落和与之相互作用的自然环境的集合"①。随着各学科领域的交叉发展以及"生态"一词适用范围的扩大,这一概念也被应用于教育领域中,用来分析教育生态中各要素之间的相互作用关系及由此产生的结果。《意见》及其各省的减负政策的响应,已经构成了一个为中小学教师减负的国家政策生态。然而,推动我国基础教育发展的宏观政策是一个庞大的政策体系。伴随着我国社会经济的快速发展,人民群众对教育的要求越来越高,面向公平与优质的教育改革不断推向纵深,我国政府颁布的推进教育发展的文件,必然对中小学教师提出了更多更高的要求。那么在教师减负政策与其他教育政策对教师的更高要求之间,是否存在着一种政策体系内部的张力? 从政策生态的视角分析教师减负政策,事关教师减负政策落实的系统条件。

本节通过两个视角的研究来揭示教师减负背后的政策生态。

一、教师减负的政策生态研究:基于文本的分析

通过在中国政府网、教育部政府门户网站查询近几年来(2019 年至今)我国教育系统内颁布的重大方针政策,筛选出与义务教育相关,发文单位为中共中央、国务院、教育部以及教育部牵头的多部门,并且有可能牵涉中小学教师的相关文件,或一些重大法律法规,最终汇总得到 21 份文件。通过仔细辨别和概括,

---

① 吴庆宇. 基础生命科学[M]. 北京:高等教育出版社,2006.

将这 21 份文件再次细分为 6 个类别,分别是教育综合类、素质教育类、学生保障类、线上教育教学类、教师队伍建设类、家庭教育类(见表 3‐8),绘制出"减负"政策外的政策生态。

表 3‐8　教师"减负"外部政策清单

政策名称	发文单位	发布时间
教育综合类		
《中国教育现代化 2035》	中共中央、国务院	2019/2/23
《关于深化教育教学改革全面提高义务教育质量的意见》	中共中央、国务院	2019/6/23
《关于进一步激发中小学办学活力的若干意见》	教育部等八部门	2020/9/15
《深化新时代教育评价改革总体方案》	中共中央、国务院	2020/10/13
《义务教育质量评价指南》	教育部等六部门	2021/3/1
素质教育类		
《关于全面加强新时代大中小学劳动教育的意见》	中共中央、国务院	2020/3/20
《大中小学劳动教育指导纲要(试行)》	教育部	2020/7/9
《关于全面加强和改进新时代学校体育工作的意见》	中共中央办公厅、国务院办公厅	2020/10/15
《关于全面加强和改进新时代学校美育工作的意见》	中共中央办公厅、国务院办公厅	2020/10/15
学生保障类		
《学校食品安全与营养健康管理规定》	教育部、国家市场监督管理总局、国家卫生健康委员会	2019/2/20
《关于进一步规范儿童青少年近视矫正工作切实加强监管的通知》	国家卫生健康委等六部门	2019/3/26
《中小学教育惩戒规则(试行)》	教育部	2020/12/23
《关于进一步加强中小学生睡眠管理工作的通知》	教育部办公厅	2021/3/30
《关于加强义务教育学校作业管理的通知》	教育部办公厅	2021/4/8
《关于进一步减轻义务教育阶段学生作业负担和校外培训负担的意见》	中共中央办公厅、国务院办公厅	2021/7/24

政策名称	发文单位	发布时间
线上教育教学类		
《关于加强网络学习空间建设与应用的指导意见》	教育部	2019/1/25
《关于促进在线教育健康发展的指导意见》	教育部等十一部门	2019/9/19
《关于中小学延期开学期间"停课不停学"有关工作安排的通知》	教育部办公厅、工业和信息化部办公厅	2020/2/12
《关于大力加强中小学线上教育教学资源建设与应用的意见》	教育部等五部门	2021/1/20
教师队伍建设类		
《关于加强新时代乡村教师队伍建设的意见》	教育部等六部门	2020/7/31
家庭教育类		
《中华人民共和国家庭教育促进法》	第十三届全国人民代表大会常务委员会第三十一次会议通过	2021/10/23

（一）教育综合类：对教师专业素质发展与本职工作的明确要求

教育综合类中包括 5 项站位较高、对义务教育具有全局性指导意见的文件，其中 3 项的发文单位来自于中共中央、国务院，另外 2 项来自于教育部联合的多部门。在《中国教育现代化 2035》中，战略任务的第七条中提出要"建设高素质专业化创新型的教师队伍"，明确了"师德师风"是教师素质的第一标准，要培养高素质教师队伍、夯实教师专业发展体系等，对教师的要求主要集中在个人素质和专业发展上。在《关于深化教育教学改革全面提高义务教育质量的意见》中，第三部分"强化课堂主阵地作用，切实提高课堂教学质量"、第四部分"按照'四有好老师'标准，建设高素质专业化教师队伍"和第五部分"深化关键领域改革，为提高教育质量创造条件"均与教师相关。课堂教学是教师工作的重中之重，但课堂教学又不仅仅只是"教"和"学"，在教学方式、教学管理、作业考试，以及信息技术上，教师都要竭诚尽智。在这份文件中，教师培训和教研工作是教师职责的一部分。《关于进一步激发中小学办学活力的若干意见》第三部分"增强学校办学内生动力"的第 7 点提及，为构建教师激励体系，应开展优秀教师、教学能手、师德标兵和优秀教学团队等评选活动,参加培训、教研、学术研究等活动等。参加教育教学的评选、研究活动,都是教师正常的工作内容。《深化新时代教育评价改革总体方案》中"改革教师评价"的第 11 条提出,落实中小学教师家访制度,将家校联系情况纳入教师考核。可见一线学生工作在教师工作中的重要性。《深化新时代教育评价改革总体方案》与《义务教育质量评价指南》中对学生的评价尽管只是提出要求,但具体的落实依然要靠教师,对学生做出全面、综合、科学的评价是教师应然的职责与义务。概括而言,教育综合类的文件对教师的期待和要求主要集中在教师个人素质、专业发展以及本职工作上。

(二) 素质教育类:课程、教学等关键词派生出的教师职责

素质教育类的文件总计 4 项,其中 2 项与劳动教育相关,一项与体育工作相关,一项与美育工作相关。在《关于全面加强新时代大中小学劳动教育的意见》和《大中小学劳动教育指导纲要(试行)》两份文件中,设置劳动教育课程、开设劳动教育必修课、在学科专业中有机渗透劳动教育、在课外校外活动中安排劳动实践、确定劳动教育内容、健全劳动素质评价制度、劳动教育评价等多个环节都与教师相关。如前所述,课堂教学、教学研究、学生评价,均是教师的本职工作。《关于全面加强和改进新时代学校体育工作的意见》和《关于全面加强和改进新时代学校美育工作的意见》依然如此。《关于全面加强和改进新时代学校体育工作的意见》中,开齐开足上好体育课、加强体育课程和教材体系建设、推广中华传统体育项目、强化学校体育教学训练、健全体育竞赛和人才培养体系等要求,以及《关于全面加强和改进新时代学校美育工作的意见》中,开齐开足上好美育课、深化教学改革、丰富艺术实践活动、推进评价改革、加快艺术学科创新发展等许多内容,其文字中虽没有明确对教师提出要求,但课程、教材、教学、人才培养等关键词都暗含着教师需要承担的工作。从素质教育类的相关文件可以发现,凡是与素质教育相关的政策,都需要教师积极配合,协助政府部门、学校和相关组织落实好育人目标。

(三) 学生保障类:宽泛的责任与义务给教师带来新挑战

　　学生保障类的文件有诸如健康管理、近视矫正、睡眠管理等以学生体质健康保障为目标的文件,也有诸如教育惩戒、作业管理、学生减负等促进身心全面发展的文件。《学校食品安全与营养健康管理规定》《关于进一步规范儿童青少年近视矫正工作切实加强监管的通知》全文没有提及教师职责,也没有出现与课程、教学、教材等和教师紧密牵连的关键词,却依然与教师职责脱不了干系。如《学校食品安全与营养健康管理规定》尽管规定了学校要配备食品安全管理人员和营养健康管理人员,但与学生交流和接触最多的依然是教师,假如学生在校发生了食品安全问题,教师理应第一时间发现、关注、解决,因为教师不仅要对学生的学习负责,还要对学生的生命安全、身心健康负责。近视矫正亦然。《中小学教育惩戒规则(试行)》对惩戒的属性、适用范围等做出了相关的规定,详细列出了在各种情境下教师可以实施的教育惩戒,但在现实中不少教师却表示"不要惩戒权",除了担心由于法律不明晰,家长不配合,实施过程中与家长产生更深的矛盾外;也有教师担心社会把教育孩子的无限责任推与教师,惩戒权反而给教师造成了额外的责任与压力。《关于进一步加强中小学生睡眠管理工作的通知》《关于加强义务教育学校作业管理的通知》《关于进一步减轻义务教育阶段学生作业负担和校外培训负担的意见》都对学生减负问题做出了硬性要求,但由于中、高考制度及就业压力的存在,减负的同时也对教育教学质量提出了更高的要求,教师也因此需要在课堂教学、作业设计、课后服务中出谋划策,这些事务难免占用教师的时间精力,因此,学生减负实际上给教师减负带来了不小的挑战。

(四) 线上教育教学类:社会发展对教师能力的新期待

　　线上教育教学类文件总计4项,其中3项都是基于网络学习行为(线上教育教学)而提出的,另外一项也与线上教学相关,即在疫情影响下而出台的"停课不停学政策"。《关于加强网络学习空间建设与应用的指导意见》提出,"要利用空间突破课堂时空界限,实施项目式教学、探究式教学、混合式教学等新模式,利用空间进行学习评价和问题诊断,开展差异性和个性化教学与指导,促进教育公平,提高教育质量。鼓励中小学教师利用空间开展备课授课、家校互动、网络研修等日常活动"。《关于促进在线教育健康发展的指导意见》提出,"鼓励学校通过国家数字教育资源公共服务体系,加大在线教育资源研发和共享力度,扩大名校名师网络课堂等教学资源的辐射面。支持学校研究制定具体办法,将符合条件的在线课程纳入教育教学体系"。《关于大力加强中小学线上教育教学资源建设与应用的意见》提出,"进一步加大信息技术与教育教学融合应用培训力度,作为'国培计划'、全国中小学教师信息技术应用能力提升工程 2.0 和各地各校教师培训的重要内容,有针对性地开展好专题培训。积极开展线上教育教学方法、学习规律、管理机制的研究与交流,充分发挥'一师一优课、一课一名师'活动示范带动作用,大力推广应用先进的线上教育教学方法,支持创建线上教学名师工作室,为教师线上教学提供专业指导,全面提升教师线上教学能力"。《关于中小学延期开学期间"停课不停学"有关工作安排的通知》指出,"加强学生网上学习资源选择的指导,鼓励有条件的地方和学校利用好本地本校优质资源;要针对线上学习特点和学科特点,认真研究明确适合线上学习的课程"。在人工智能发展、5G 逐渐普及、疫情等不确定因素影响的社会环境下,传统的面对面教学已不能满足学生需求,空中课堂成为教学新模式,与之相伴的政策文件不仅对教师的信息素养提出要求,更对教师的教研能力带来挑战。

(五)教师队伍建设类:教师与国家重大战略的紧密关联

《关于加强新时代乡村教师队伍建设的意见》是近三年多政策文件中唯一明确针对教师这一群体发布的。文件明确指出,乡村教师是发展更加公平、更有质量的乡村教育的基础支撑,是推进乡村振兴、全面建设社会主义现代化国家、实现中华民族伟大复兴的重要力量……加强乡村学校教师党支部标准化、规范化建设,注重选拔党性强、业务精、有情怀、有担当、有威信、肯奉献的党员教师担任党支部书记,鼓励书记、校长一肩挑。要充分融合当地风土文化,培育乡村教师爱护学生的优秀品质,特别关注留守儿童,注重发挥乡村教师新乡贤示范引领作用,塑造新时代文明乡风,促进乡村文化振兴……抓好乡村教师培训,鼓励师范院校采取多种方式,长期跟踪、终身支持乡村教师专业成长,引导师范院校教师与乡村教师形成学习共同体、研究共同体和发展共同体……中央对于乡村教师队伍建设的高度重视,既是对乡村教师队伍的关怀,同时也是乡村建设和乡村振兴战略的具体举措。教师与国家重大战略产生关联,说明教师角色已经被赋予了越来越多的期待。

(六)家庭教育类:教师与家庭教育指导师的双重角色

2022年1月1日,《中华人民共和国家庭教育促进法》正式实施。《家庭教育促进法》颁布的目的是促进孩子更好的成长,从立法的层面,是把家庭教育和学校教育重新定义,两者同样重要。在促进法的第四章"社会协同"中,明确要求把家庭教育服务纳入中小学教师的工作培训内容。近日,教育部又印发了《关于学习宣传贯彻中华人民共和国家庭教育促进法的通知》,从充分认识重大意义、认真组织系统学习、面向家长重点宣传、加强学校指导服务等方面提出要求。尽管法律正在要求家长要更多地承担起儿童教育主体的责任,但要实现"家长在教育长途中共同参与解决问题"的愿景,还有一段路要走。关于家庭教育的指导工作,教师依然身负重任。

综上,我国中小学教师减负不仅是教育系统内部的减负清单实施执行的问题,还包括教育系统内部的结构冲突问题和外部政策的生态问题,学生"双减"政策、信息技术与教育深度融合政策、家校社合作育人政策、新时代考试评价改革政策、"双新"政策等都会在一定程度上给教师的主观负担加码,并对教师工作能力与角色转变等提出新要求,这导致教师减负政策与其他政策之间的摩擦与冲突,因此多方政策如何相互协同,减轻教师角色冲突外的政策生态冲突,是中小学教师角色"再专业化"过程中需要解决的难题,也是构建教师减负长效机制的关键。

二、教师减负的政策生态研究:来自于一项调研的确证

布朗芬布伦纳(Urie Bronfenbrenner)所提出的"生态系统理论"认为,个体是

处于一个相互联系、相互影响的稳定的生态系统中的,系统中各要素之间及其与环境之间的相互作用影响着个体行为与心理的发展①。教师减负问题同样是教育生态系统下各因素相互作用的结果。对教师减负而言,这一生态是指在"减负"的生态中,政策决策者、政策执行者、政策承受者及政策执行环境之间相互作用的过程,各要素之间通过信息交换、利益取舍、博弈互动等方式所构成的动态、交互、发展的生态系统。其中,教师是系统的核心,对教师产生直接影响的微观系统元素包括学生、班级、同事、家庭、学校、学生家长等;中间系统是指微观系统中各元素之间的相互作用,如学校与家庭之间的作用、学生家长与班级之间的作用等;外层系统包裹在中间系统之外,是指未直接参与但对个体产生影响的其他因素,包括政府、居委会、教育部门、社区、教育督导、政策等。宏观系统位于最外层,包括社会文化中的价值观、习俗和法律等,该系统主要涉及政治、经济、文化、市场、社会、观念等元素。

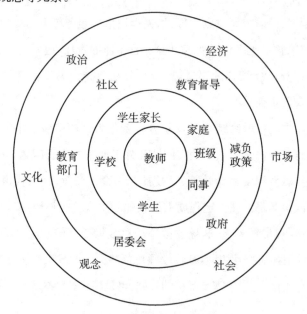

图 3-3 "教师"减负生态系统图

① Bronfenbrenner U, & Morris P A. The Bioecological Model of Human Development [M]// DAMON W, LERNER R M(Eds.). Handbook of Child Psychology(6th ed., Vol. 1). Hoboken, NJ: John Wiley & Sons Inc, 2006:793-828.

依据这一理论，本研究以探寻教师负担及教师减负政策的教育生态为目标，在《意见》以及各地减负政策发布之后开展了一项以访谈为主的调查研究。研究对象包括中小学教师（含学校校长、学校管理干部和任课教师）和家长。

（一）访谈设计

针对教师和家长的访谈内容有相同之处也有不同之处。首先，对二者的访谈都是分为两部分进行，包括基本信息和具体问题。其中，基本信息包含如年龄、职位、职称、教龄、所任科目等。具体信息部分，教师问卷包含"双减"政策的影响、角色感知变化、当前负担现状、减负政策期望等几个维度；家长问卷包含"双减"政策感知、对学校及教师的教育期望、当前焦虑现状等维度。

（二）数据来源与整理

我们采用线上访谈的方式，通过滚雪球的方式，对全国 10 个省份的 14 位教师进行了半结构化的访谈，在征得受访者同意后对访谈进行了全程录音。每位受访者所任职务、所处地区和学校有所不同，其中校长 2 位，中层干部 5 位，普通教师 7 位（含某 985 高校乡村支教教师 1 位），按照访谈顺序分别编号为 JS01—JS14，每位受访者的访谈时间在 50 分钟—90 分钟不等。在此基础上，为了解家长的立场和看法，我们采用目的性调查的方式对 5 位中小学学生家长进行了半结构化的访谈。5 位学生家长均来自上海市，按照访谈顺序分别编号为 JZ01—JZ05，每位受访者的访谈时间在 30 分钟到 60 分钟不等。

表 3 - 9　教师样本信息

编号	省份	性别	职务	编号	省份	性别	职务
JS01	山东省	女		JS08	云南省	男	校长
JS02	上海市	男		JS09	贵州省	男	中层干部
JS03	浙江省	女		JS10	湖南省	女	中层干部
JS04	湖南省	女	中层干部	JS11	湖南省	女	
JS05	广西壮族自治区	男	中层干部	JS12	安徽省	男	校长

编号	省份	性别	职务	编号	省份	性别	职务
JS06	云南省	男	支教教师	JS13	河北省	女	
JS07	湖南省	女	中层干部	JS14	吉林省	女	

表 3-10　家长样本信息

编号	省份	性别	工作
JZ01	上海市	女	旅游业
JZ02	上海市	女	自主创业
JZ03	上海市	男	金融业
JZ04	上海市	男	餐饮业
JZ05	上海市	女	教育业

在数据整理过程中,我们先对有共同意义的访谈文本进行归类梳理,并提炼出相关主题。通过对访谈文本的层层凝练抽象,刻画出"双减"政策实施后教师工作现状的肖像。部分编码如表 3-11 所示。

表 3-11　部分编码举例

开放代码陈述举例	参考点	二级主题	一级主题
作业量其实是明显减少了的。(JS01)	27	工作量上的影响	政策影响
"双减"就是越减越累,我感觉检查更多了,还有包括其他方面的一些检查也会更多。(JS04)			
我们现在基本不让考试了,像去年还有期中期末考试,今年都取消了,然后作业也不能留太多。(JS13)			
一周里面有两到三个晚上是和学生一起度过,一直到晚上八点多。(JS03)	23	工作时间上的影响	
首先工作时间变长了,下班时间也晚了。(JS14)			
布置作业不再像之前一样全部是纸质的作业,就是刷题,现在有时候会布置一些实践类作业,更开放一些。(JS03)	42	其他影响	
我觉得"双减"政策之后呢,自己感觉到压力没有以前那么大了,学生的压力也没有以前那么大了,就从他们背着书包的重量来看的话。(JS05)			

（三）分析结果

1. 微观系统中教学创新受阻的课堂环境

微观系统是特定范围环境影响下对教师的个体发展具有直接影响的系统。中小学教师所处的微观系统主要是指教师在日常生活中直接接触的环境,包括课后服务环境、学校课堂环境以及同事间的相处关系等。就教师所处的课堂生态而言,健康课堂生态系统理论认为,健康课堂生态系统是一个以教师教学活动和学生学习活动为中心,活力、组织结构、恢复力三要素动态平衡,课堂教学和课外学业求助两方面关联互动的生态系统①。课后服务的引入引发学生学习生态骤变,导致学习生态失衡。在课堂生态系统中,教师的积极主动性受到打击,主体活力不足,课堂资源、设计等组织结构不够连贯有效,整体课堂生态要素处于不平衡状态。这体现在"双减"前,课中一般以知识学习为主,放学后学生再完成作业;而"双减"后,学生在课堂中需要同时完成知识学习和作业练习的双重任务。这些变化打乱了教师原先的工作节奏,倒逼教师重新设计作业的结构和内容,增加了教师的工作时间和内容,造成了教师工作时空的挤压,如访谈中有教师提到现有的课程和作业都要重新设计,相应的可补充可参考的资源较少,""双减"之后,备课及作业批改这一块儿,对年轻老师的要求特别严。但其实备课等活动还挺浪费时间的,虽然备课是本职内应该做的事,但是很多之前的备课还是很好的,可由于一些原因又要重新设计,导致工作时间变长,经常加班"(JS01)。工作时空异化、挤压会打乱教师现有的工作节奏和模式,新的变化会对教师造成职业压力、职业焦虑等,加剧工作负担,影响教师的工作幸福感。其次,在课后服务这一生态系统中,大部分学校实施班额制,班级人数较多,兴趣活动和作业辅导就会交叉进行。在作业辅导的过程中由于不允许授课,教师不能灵活运用集体辅导和个体化辅导结合的方式,只能个别辅导,正如有些老师所言,这可以有针对性地帮助一些差生,另一方面这会降低教师的工作效率,"我40分钟里最多可以帮助十几个学生解答问题,很慢,有些学生的需求不能满足,回家之后又不会写,第二天课

---

① 孙芙蓉.健康课堂生态系统研究刍论[J].教育研究,2012,33(12):77—83.

堂就比较难以跟上,所以这个课后服务的效果还是受影响,但是老师的确是花了很多工夫"(JS08)。另外有些地区将课后服务拓展到校外和周末,虽然拓展了学生活动的时空,但是教师的工作时长也被延长了,教师在服务中的主动选择权受到限制,带来了心理被动感和工作压力感,这无疑也加剧了教师的工作负担感知。

2. 中间系统中多重角色碰撞的教师工作

中间系统是指教师与其所在的微观系统及外部系统相互联系、相互作用的结果。教师个体在所处的中间系统与微观系统之间相互联系、相互作用。"双减"政策下,对教师而言,学校与校外教育的沟通是最典型的中间系统。校外教育中最典型的就是校外培训机构提供的教育,"双减"后,培训机构的取消引发了学习生态的骤变,短时间内校外教育的变化导致了中间系统的校内外教育生态失衡,造成校内外教育难以合力育人的困境。"双减"之前,校外教育系统以影子系统的形式存在,起到补充校内教育的作用,甚至一定程度上恶性替代了学校教育,加剧了学生校内外学习生态的失衡。校外非正规学习生态发生的巨大变化,直接影响到校内学习生态,而教师作为校内学习生态的重要生产主体,其工作必然受到影响,如校内的教师工作内容被拓展,需要承担一定的课后内容。这一方面是为了解决三点半社会问题,另一方面是为了满足学生的学习需要。但对于系统中的教师而言,却被迫延长了工作时间,缩短了休息时间,如一位老师提到课后服务是被迫进行的,耽误了她教育孩子的时间,"下班后还要改作业,写教案,每天加班到十点。我感觉我陪伴自己的孩子的时间大大减少了,周末也要守班,带着孩子们开素质班"(JS04)。学校生态系统与家庭生态系统处于相互关联的地位,"双减"也给家庭生态环境带来了新变化。自《关于进一步减轻义务教育阶段学生作业负担和校外培训负担的意见》颁布以来,家长对此众说纷纭,莫衷一是。家长们一边焦虑孩子的学业和升学,另一方面也在政策边缘试探和纠结。关联的家校生态系统致使来源于家长的焦虑被转移到对学校和教师的要求上来,导致教师与家长之间的关系相对不明朗,进而压力转移到教师工作量上,例如访谈中教师提到自己需要更多地协调家长的意见,如访谈中提及"有家长跟我反映过,因为我们学校不让考试,然后我就尽量不考试,但是家长觉得不能反映孩子的学业成绩情况,有的学生甚至不给家长看作业,导致家长不了解孩子的学业状况。家长就会在我下班后私下询问孩子的成绩,有些家长甚至难以理解这一点,经常反映很多不好的意见。对于老师来说一方面增加了沟通负担,另一方面"双减"之后不考试了,我们老师对学生的学业影响也难以了解。因此如何更好地了解学生,如何更好地协调家长成为很难的问题"。(JS13)教师除了需要承担本身职责范围内的课堂教学工作之外,还需要指导家庭教育工作,这也对教师的能力提出了挑战。

3. 外层系统中专业化与去专业化的行政性控制

外层系统包含着未直接参与教师减负过程却对教师减负产生影响的一系列因素。这些因素既包含配套政策不完善的影响,也包括上级行政部门施加的压力。首先,配套政策更新不及时引发了教师的职业负担。教师培训原本是为了提升教师的专业技能和教学能力,更好地满足其职后能力发展的需求。"双减"政策实施后,要求课堂提质增效、增加课后服务等新变化对教师的教学能力及综合水平提出了新要求,这也要求教师培训进行相应的转变。但是在经济理性主义的运作逻辑下,教师被期望经过培训能"按标准化流程"进行工作,无形中沦为市场化的"附属品",教学也成为"流水线"工作中的一环。在访谈中老师表示,"公开课是不分学科的,只要是没课的老师全都要去听,每个人都必须有记录,这是每个学期常规检查的重要内容"(JS04)。教师的专业培训毫无变化,内容形式形同虚设,教师在参与完培训后仍然需要自学,以实现新环境下的教学转变,配套政策不完善成为教师负担的重要来源。除此之外,来自行政部门的压力同样不容忽视。在我国的行政体制下,地方政府是学校管理的主要部门之一。政府在将教学要求下达给学校和教师的过程中,经常会将很多非教学性的工作也一起打包塞给学校,如参加各类会议、组织与参与各项集体互动、填写各种表格、应对各种检查等①。通常情况下,这类工作是学校和教师所无法拒绝的。"'双减'

---

① 王毓珣,王颖.关于中小学教师减负的理性思索[J].湖南师范大学教育科学学报,2013,12
(4):56—62.

之后,我感觉任务更多了,越减越累。颁布新政策,就会有新的检查,学校就需要准备更多的材料去应对,包括一些其他方面的检查也会更多。"(JS04)受传统的自上而下权力单向传递的科层制管理的影响,学校与各部门之间存在着行政隶属关系,这意味着学校不仅受到行政部门的管理,而且财政资金、办学经费也主要来源于此。当问及是否有人会对此进行反抗时,受访者回答:"领导有领导要应对的,老师有老师要应对的,大家都不满,但都是停留在口头上,领导也不会来管这个事,因为他们也有(要应对的事情)。"(JS04)由于共处一个空间,政府、社区、学校与教育行政部门之间通过权力的运行与责任的分配来实现各自的利益诉求,努力实现权力的再平衡。"(我们班的)体育老师是去防疫,就是每个学校抽一个老师,可能是防疫完了,我们的体育课也没有了。"(JS13)这种上下级的等级关系,使得学校面对任务摊派时无法拒绝,尤其是公立学校,作为行政机构直接管辖的附属单位,成为了各种行政机关摊派各类行政工作的"重灾区"。

4. 宏观系统中竞争泛化引发的教育高期望

宏观系统是包围在教育系统之外的圈层,包括政治、经济、社会等因素对教师减负的影响。教育并非一座孤岛,而是受到各个社会圈层的影响。当前社会就业竞争愈加激烈,文凭膨胀现象愈加凸显,一场生存争夺战席卷了整个社会。在竞争泛化的环境下,教育不再是孩子个体的事情,而是整个家庭的重任,教育的"功效性"或显性或隐性地被家长所笃定,从"起跑线"开始的好的教育环境意味着孩子未来成功的良好开端,为此,家长们争先恐后地争夺优质教育资源。"孩子的学习我不是很焦虑,反倒是没赚到钱时我会很焦虑,因为我没赚到钱,意味着给孩子提供的(教育)环境就会差一些。"(JZ03)传统的"精英主义"思想与新兴的"家长主义"观点碰撞交融,加上高考指挥棒下愈演愈烈的升学竞争和考试竞争,使得家长衍生出的对子女未来发展的焦虑与担忧有增无减,最终融汇成家长对孩子高学业成就的期望。这种期望经社会传递给家长再波及至学校,最终作用于每一位前线教师身上,导致教师工作任务和负担的加重。一方面,面临激烈的竞争压力,学校为了高效的产出率和良好的市场声誉,不得不对教师提出各种可量化评价的要求,但"双减"政策之下,教学时间、作业时间被挤压缩减,这就要求教师不得不提高效率。JS14 在访谈中谈及备课的情形时表示："'双减'减掉了时间,就要求提高效率,提高课堂质量,要优化课堂,就要知道如何在学校时间这么短的情况下让学生得到最大的收获。"这无疑对教师专业知识和自身能力提出了更高的要求,但教师培训的不到位以及原本沉重的教学负担,使得教师没有时间也没有能力实现自我提升。"他们教学能力有限,自我学习能力也有限,而且每天都是连轴转,有时间就休息,因为太累了,他们根本没有时间去提升自我",JS06 教师说道。另一方面,为了保证学校能在激烈的竞争中取胜,行政部门试图"帮助"学校,持续地给予中小学各种"指导"。"上级有时候会布置一些活动,像我们现在待在家里上网课,每天都有好多个活动布置给学生,有的时候也让老师们看什么东西。其实这种东西都是他们做宣传用的,没有什么实质上的作用,我觉得是这样。"(JS13)秉持标准化管理逻辑,对中小学具体教育教学事务进行操控,不仅剥夺了教师的教学自主权,还无形中增加了教师的负担。此外,马健生等在研究中指出,升学考试对学校的实际影响大于来自减负政策行政指令的影响①。办学水平关乎各项指标的达成,与区域经济发展密切挂钩。如若办学水平下降,短期而言意味着本地区教育质量下滑,长期来看,本地区将丧失教育的竞争优势以及人才优势,影响本地区的经济发展。由此,"明减暗增"的各项任务指标仍然是教师减负难以有效落实的重要原因。

三、重塑教师角色,优化教师负担的政策生态

(一)重塑教师的专业自主意识,明晰教师工作边界

教师的专业自主性是其职业成就的重要来源。许多教师对教育事业都具有较高的忠诚度和成就感,他们有足够的热情,愿意投入,并不需要上级的严格指令才会认真工作。在课堂教学中,教师要有把握课堂的权利,教师的专业自主权

---

① 马健生,吴佳妮.为什么学生减负政策难以见成效? ——论学业负担的时间分配本质与机制[J].北京师范大学学报(社会科学版),2014,242(2):5—14.

尤为重要。限制或削弱教师的专业权不仅会造成教师的权责分离,还会使得教师乃至整个教育工作都陷入被动①。首先,应当注意科层化组织对教师专业自主的影响与干预,增强教师的教学自主性以及在课堂上的灵活性与能动性,激发教师的创造活力。逐步建立和巩固"专业学习共同体",通过教师间的相互学习和交流,促进教师的专业化,提高其对课堂的把握程度。其次,要对教师的工作划定明确的边界,建立起一套体系化的可执行的中小学教师减负治理机制。各省市下发的减负清单应当有明确的执行主体和责任部门,做到有主体可查、有主体负责。针对教学之外的表格填写等行政负担,应尽量进行简化,教育部门应当合理控制检查的频次与方法。

(二) 明确教师育人的主业主责,激发教师群体的活力

在教师与各教育主体交流互动的过程中,教师扮演了多重角色。课堂教学中,教师扮演了"教育者"的角色;学生发生状况对其进行疏导时,教师扮演了"引导者"的角色;与家长进行交流时,教师扮演了"沟通者"的角色;在进行课后服务时,教师扮演着"看护者"的角色。日常工作中,多重角色的转换扩大了教师的工作边界。要切实为教师减负就需要明确教师育人的主业主责,树立专业人管专业事的观念,明晰教师工作的边界及权责范围。教师的主业是教学,学校需要合理区分教师的教学性任务,简化行政性工作。尤其是"双减"以来,课后服务延长了教师的在校时间,学校应通过适当的"加减法"措施,采用"柔性化"管理,给予教师充分的关怀与灵活调度。在调研中,我们了解到杭州某中学在"双减"之后采用了"弹性上班政策",即每位老师一个月有四个小时的"弹性假",早晨没课的老师可以选择晚来一会。这种人性化的管理措施,给予了教师心灵上的抚慰,同时也能够减轻教师的负担感知。

---

① 龙宝新,杨静,蔡婉怡.中小学教师负担的生成逻辑及其纾解之道——基于对全国 27 个省份中小学教师减负清单的分析[J].当代教育科学,2021(5):62—71.

(三) 加强政府间的政策协同,推动多方力量合力行动

教师减负是一项系统性工程,需要政策制定部门、行政机构、教育部门、学校等多主体间的协同联动,一致推进教师减负政策。首先,加强政策相关配套措施的完善落实。"双减"政策的实施对教师的教学能力提出了更高的要求,若没有教师教学质量的提升,优质教育的供给就难以保障,"双减"政策就会变为"减质减量"的空壳,偏离"提质增效"的初衷。由此,构建配套的教师专业发展支撑体系显得尤为重要。关注教师在实际教学中遇到的真问题、真困难,转变教师培训中的技术性路径,真正关注教师教学所需,通过教师能力的提升、效率的提高,减轻教师的繁重负担。其次,在调研中我们了解到政策的实施多由学校这一单一主体来进行,缺少其他主体的参与。在推动教师减负的过程中亟需专业机构、政府部门、学校和社会等多元力量形成合力。专业机构对教师工作进行监测和调查,从而明晰减负重点;政府部门确定教师减负的策略和方案;学校向上反映教师负担重的呼声,并贯彻执行减负政策,社会则为教师减负营造良好的氛围。

(四) 给予教师合理的教育期待,推动家校社整体联动

从宏观主体到微观个体,我们无不受到社会圈层的影响。从宏观的政治经济大环境到微观的教育生态,压力与焦虑在一层层的传递过程中被不断激发、放大。社会圈层间的相互影响不仅激发了焦虑,更是强化了焦虑,使得家长们的向外感知远超向内感知,由此传递到学校系统中,便将家长的焦虑不安转变成了教师肩上的重担。首先,家长要树立合理的教育期望,这种期望需要通过教育制度加以改变。"没有教不好的学生,只有不会教的老师"这一传统观念给了教师过高的期望阈值。学生的发展固然是教师的重要使命,但并不仅仅是教师单一主体的责任,家庭、社会也是育儿的关键主体,各主体应当协同合作,共同助力学生发展与成长。其次,当前的考核机制主要关注的还是学生的成绩,改变以成绩为导向的考试评价机制是减轻教师压力的重要环节。应当注重对教师进行多方面的评价,比如将教师负责程度、学生喜爱度、个人自我提升能力等各个方面相结合。发展性评价、增值性评价可以将教师的工作压力驱动转化为其自身内驱力。

(五) 搭建教师负担监测系统,形成多维多层减负合力

首先,政府及教育厅等相关部门需要畅通中小学教师的教育教学工作反馈渠道,定期通过问卷调查、访谈等方法了解当前中小学教师的工作状态与减负意见,并全面深入分析教师负担过重的现实情况,提出相关的解决方案,通过综合施策与精准支持的方式帮助教师减轻职业负担。其次,充分利用教师反馈意见等搭建中小学教师负担的动态监测系统平台,将统筹减负与精准减负相结合,针对不同学段、不同学科、不同教学年限的教师采取不同减负措施,切实保证减负策略的有效性,同时建立中小学教师服务智慧平台,减轻教师在完成额外工作事项过程中的负担。最后,中小学教师减负需要多手段结合、多主体参与、多渠道保障和多部门协同,政府、社会、学校、学生与教师之间要形成良好的互动,政府部门和中小学校作为教师减负政策实施主体,需要发挥统筹各方力量共同减负的重要作用,定期总结教师减负进展并总结出优秀减负措施与经验,与其他中小学形成多校教师减负合力。

第四章　数字时代的教师负担

第一节　技术时代的教师负担：基于大规模
　　　　　在线教学的研究

信息技术在"沿着以计算机为核心，到以互联网为核心，再到以数据为核心的发展脉络"①中，确实推动教与学发生了很多变化。今天，当教育信息化进一步向数字化升级，信息技术已渗入教育教学、教师工作的各个领域，以数字化重塑学校教育的呼声日渐高涨，成为当前依托数字技术提升校内教学质量、推动学生减负的时代背景。与此同时，我们也注意到，在《关于减轻中小学教师负担进一步营造教育教学良好环境的若干意见》（简称《意见》）中，有两条涉及信息技术，即"第六条：不得以微信工作群、政务 APP（应用程序）上传工作场景截图或录制视频等方式来代替实际工作评价"和"第十五条：加强信息管理系统建设，建立健全各类教育信息数据库……充分利用现代信息技术特别是人工智能技术，提升教育管理工作的信息化、科学化水平"。从上述两条中我们可以透视出一对矛盾：一方面，政策制定者寄希望于信息技术的确有助于减轻教师负担；另一方面，某些信息技术的应用反而增加了教师负担。

技术到底是增负还是减负？在教师工作的真实实践境脉中，很难有机会来

---

① 任友群，李锋，王吉庆. 面向核心素养的信息技术课程设计与开发[J]. 课程. 教材. 教法，2016，36(07)：56—61+9.

获取信息技术带给教师负担的影响的实证数据。2020年新冠疫情之后,在教育部的整体部署下,全国中小学在很短时间内进入了"停课不停学"状态,大规模在线教学迅速在城乡学校中普及。在线教学将教学从实体教室搬到虚拟课堂,是数字技术应用于学校教育的一个典型范例,这种大规模在线教学,为研究者提供了一个宝贵的自然实验机会,即通过观察常态化在线教学期间的教师工作负担,来研究"信息技术应用于教学后,教师负担的变化"。研究者抓住机会捕捉数据,力图回答三个研究问题:规模化在线教学是否减轻了教师工作负担? 规模化在线教学与常规学期教学中,教师工作的负担来源于哪里? 规模化在线教学中,教师工作负担的影响因素有哪些? 基于特殊时期规模化在线教学实验中的样本数据,来透视教师队伍在迎接人工智能和5G时代赋能教育所做的准备,包括教师个人的技术胜任力、教师在技术时代的课程与教学知识准备以及学校对于线上教学的理解力和领导力。

一、研究设计

(一) 研究思路

关于日常学校教育中的教师工作负担已经有了众多研究,对于教师工作负担的概念及发生机制有着丰富的研究资源[1][2][3]。本研究主要聚焦于在线教学情境中的教师工作负担,以"常规教学情境"来代表疫情之前线下学校教学的常态情境,默认常规教学情境中"教师工作负担"的一般概念,并以常规教学情境中的教师工作负担为基本参照系,观察规模化在线教学情境中教师工作负担的变化或差异情况,以在线教学技术应用为例,来透视技术与教师工作负担之间的复杂关系。

---

① 赵慧君,李跃雪.中小学教师工作负担异化的生成逻辑与治理思路[J].教师教育研究,2020,32(3):67—72.

② 熊建辉,姜蓓佳.中小学教师工作负担现状调查与减负对策[J].中国教师,2019(9):72—75.

③ 李新.教师的工作负担及其影响因素研究——基于中国教育追踪调查(2014~2015学年)数据的实证分析[J].上海教育科研,2019(3):5—9+78.

(二) 预研究

在正式展开"停课不停学期间教师工作负担问卷"编制前,研究简单访谈了江西省上饶市、新余市的22位中小学教师,访谈内容是:您认为疫情期间在线教学增加了您的工作负担吗? 您的工作发生了哪些变化? 您对在线教学的看法? 等问题。根据文献梳理和访谈结果,研究从在线教学要素、心理要素等维度对规模化在线教学情境中的教师工作负担进行了分析,主要包括在线教学设计压力、技术应用压力、在线辅导时间长、家校合作难度大、师生分离中教师的心理负担、非教学任务的负担(如各种表格的填写上报)、在线教研、在线参与学校事务管理、学生自主学习能力得不到保障、在线教学质量得不到保障的压力等。通过了解在线教学中教师工作负担的来源和状况,最后,我们确定了研究在线教学中的教师工作负担是一个真问题,同时也为编制"规模化在线教学期间教师工作负担问卷"提供了依据。

(三) 研究工具

为了了解规模化在线教学情境中的教师工作负担现状和问题,通过文献分析、小组讨论和实地访谈等方式,自编了中小学教师规模化在线教学情境中教师工作负担问卷,确定了教师基本信息、在线教学期间教师工作负担来源、教师工作负担感受等调查维度。问卷分为两个部分:第一部分为教师基本信息,包括:教龄、职称、性别、所在学校类型等。第二部分是在线教学中教师工作负担的感受,在线教学中教师工作负担的来源,在线教学中教师工作负担的影响因素等。研究主要是采用 SPSS 和 Stata 软件进行数据的统计分析。

(四) 数据来源

采用抽样调查的方法,根据学校类型选取了上海和上饶两地的中小学教师进行调研。据统计,获取中小学教师有效数据 2 354 份(见表 4 - 1)。

表 4-1　被调查教师的基本信息

项目	人数	百分比	项目	人数	百分比
职称			教龄		
初级	622	26.4%	1—5 年	232	9.9%
中级	1 150	48.9%	6—10 年	433	18.4%
高级	540	22.9%	11—15 年	347	14.7%
其他	42	1.8%	16—20 年	456	19.4%
性别			20 年以上	886	37.6%
男	827	35.1%	学校类型		
女	1 527	64.9%	江西农村学校	137	5.82%
任教年级			江西县城学校	640	27.19%
小学	710	30.2%	江西城市学校	729	30.97%
初中	856	36.4%	上海农村学校	429	18.22%
高中	788	33.5%	上海城市学校	419	17.80%

二、研究结果

规模化在线教学中,学习场所发生了变化,学生居家学习带来了学生临场感、学习情境等的变化,相应的,教师的教学行为也将发生转变,同样,这也导致教师的工作负担出现新的样态。规模化在线教学不仅仅是一个教育问题,而且是一个与社会学、政治学等多因素相关的复杂问题。基于此,研究结果将从以下几个方面回答在线教学是否减轻了教师工作负担。

(一) 规模化在线教学的现状调查

从调查结果来看,第一,规模化在线教学期间,教师主要运用的开展线上教学的平台是微信群(52.4%),其次是钉钉(35.2%),然后运用较多的在线教学平台是 QQ 群、晓黑板、智学网、希沃等。可见,从在线教学过程来看,规模化在线教学期间教师开展线上教学使用的教学平台略显单一,较难满足复杂的在线教学过程,在一定程度上会影响在线教学效果。这一调查也与王继新[①]等人的调查结果一致。

第二,从规模化在线教学方式来看,江西的教师中,以直播为主的教学为37%,以录播为主的教学为31%,让学生根据资源包居家自主学习的为26%,其他为6%;上海的教师中,以直播为主的教学为56%,以录播为主的教学为33%,让学生根据资源包居家自主学习的占6%,其他为5%。这说明,不同的教师会根据实际情况开展在线教学,但是江西和上海两地教师在以直播为主的教学和让学生根据资源包居家自主学习这两种方式上相差较大,疫情期间两地教师所呈现的在线教学方式不同,我们推测,这在一定程度上是由于教育信息化基础设施条件和教师信息素养不同所致。

(二) 教师对常规学期与规模化在线教学期间工作负担的整体感知情况

常规学期与规模化在线教学期间教师的总体工作负担感知情况如图4-1所示。通过图4-1可知,在常规学期,样本中上海教师(中位数为8)的负担高于江西教师(中位数为7);在规模化在线教学期间,样本中上海教师(中位数为8)的负担高于江西教师(中位数为7)。在常规学期与规模化在线教学期间,上海与江西教师样本中未出现城乡差异,即在上海或江西的教师样本中,城市教师的负担与农村教师的负担相近。

从样本来看,52%的教师认为规模化在线教学期间的负担与平时无变化,23%的教师认为线上教育加重了自己的负担,而25%的教师认为线上教学让自己变轻松了。从江西样本来看,52%的教师认为与平时无变化,20%认为负担加重了,28%认为轻松了。从上海样本来看,51%的教师认为与平时无变化,29%认为负担加重了,20%认为轻松。从两地在线教学期间主要授课方式来看,两

---

① 王继新,韦怡彤,宗敏. 疫情下中小学教师在线教学现状、问题与反思——基于湖北省"停课不停学"的调查与分析[J]. 中国电化教育,2020(5):15—21.

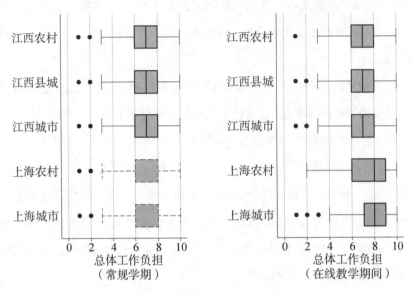

图 4-1 教师感知工作负担情况

地差异巨大,上海地区以直播课为主,而江西地区有将近26％的教师让学生居家自学。

从调查的样本教师来看,不管常规学期还是规模化在线教学期间,上海教师的工作负担都高于江西教师;在线教学期间,江西教师感觉工作负担变轻松的多于感觉负担加重的;而上海的教师感觉工作负担加重的大于感觉变轻松的。我们推测这种差异是疫情期间在线教学组织形式的不同和使用的在线教学平台不同所致,也可能与班级学生的自主性、网络的稳定性、教师与家长对在线教学的要求不一等因素相关。

(三) 不同个体教师对工作负担感知的差异

为了了解哪些老师感知在线教学期间工作负担加重了,哪些老师感知在线教学期间教师工作负担减轻了,通过数据统计分析得出,从性别来看,70％的女教师认为在线教学期间工作负担加重,30％的男教师认为在线教学期间工作负担加重;从教龄来看,教龄20年以上教师的工作负担感知最重,其次是教龄16—

20 年的,接着是 11—15 年的,反映出随着教龄的增长,教师感知的工作负担有所增加;从任教学段来看,任教初中阶段的教师感知的工作负担最重;从教师职称来看,中级教师感知的工作负担最重,其次是高级教师和初级教师。

根据调查结果来看,教龄越高的教师感知的工作负担越重,高级职称教师感知的工作负担比初级教师更重。教龄越高的教师年龄越大,其对在线教学能力和信息技术应用能力表现出胜任不足。或许,我们认为这通常与教师的日常教学习惯有关,也就是说在固化的传统课堂教学中的教师角色与规模化在线教学期间的教师角色之间产生了冲突。规模化在线教学期间,教师的角色发生了变化,如教与学场域的变化使得教师角色变得更加多元,承担着课程直播、课程录制、个性化辅导、家校沟通、疫情期间其他事情等多种角色,而且同时在家庭中还要扮演家庭角色,而这些角色都存在于同一个场域中。

(四) 影响在线教学教师工作负担的因素

为了解疫情间教师在线教学工作负担的影响因素,研究选择二分类 logit 模型进行分析,具体模型如下:其中,β_0 为常数项,x_n 为自变量,β_0 为模型的估计系数(相对似然数),$i=1, 2, \cdots, n$。为了方便模型的系数解读,本研究将模型的估计系数转化为优势比(Odds Ratio)进行分析。研究模型中,因变量为教师工作负担是否加重、教师工作负担是否减轻;自变量及控制变量为性别、教龄、任教年级、任教学科、学历、职称、疫情期间诸种任务(独自备课、在线教研活动、在线教师培训、在线教学、学习新知识、在线批改作业、在线辅导、家校沟通)、在线教学主要方式;分组变量为调查地区。通过 Stata 软件得出如表 4-2 所示的影响在线教学教师工作负担的因素模型。

$$logit\left(\frac{y=\text{负担加重}}{y=\text{未负担加重}}\right)=exp\left(\beta_0+\beta_1x_1+\beta_2x_2\cdots+\beta_nx_n\right)$$

$$logit\left(\frac{y=\text{负担减轻}}{y=\text{未负担减轻}}\right)=exp\left(\beta_0+\beta_1x_1+\beta_2x_2\cdots+\beta_nx_n\right)$$

表 4-2　影响在线教学教师工作负担的因素模型

变量		Odds Ratio (clusteredstandarderror)	
		模型 1(负担增加)	模型 2(负担减小)
性别	女 a	1.362	0.813
		(0.255)	(0.121)
学历	本科 b	1.715*	0.741**
		(0.463)	(0.075)
	研究生及以上 b	1.604	0.689
		(0.538)	(0.168)
教龄		0.974	1.000
		(0.103)	(0.091)
任教学段		0.809***	1.158**
		(0.041)	(0.063)
职称	中级(一级)c	1.223	0.973
		(0.274)	(0.183)
	高级 c	1.562**	0.602*
		(0.546)	(0.147)
	其他 c	1.423	0.923
		(0.190)	(0.335)
在线诸种任务	独自备课 d	1.004	1.029
		(0.230)	(0.114)
	在线教研活动 d	0.828	0.880
		(0.132)	(0.087)
	在线教师培训 d	0.815	1.047
		(0.192)	(0.218)
	在线教学 d	1.306**	1.026
		(0.132)	(0.123)
	学习新知识 d	0.922	1.022
		(0.195)	(0.159)
	在线批改作业 d	1.175**	1.131
		(0.072)	(0.135)

变量		Odds Ratio (clusteredstandarderror)	
		模型 1(负担增加)	模型 2(负担减小)
在线诸种任务	在线辅导 d	1.160	0.919
		(0.203)	(0.070)
	家校沟通 d	1.081	0.937
		(0.214)	(0.123)
任教学科		0.992	0.993
		(0.017)	(0.015)
主要授课方法	直播 e	1.086	0.986
		(0.144)	(0.220)
	居家自学 e	0.752***	1.205
		(0.035)	(0.155)
	其他 e	1.124	1.286
		(0.341)	(0.340)
N	N	2 354	2 354
	Logpseudolikelihood	−1 227.53	−1 312.83
	AIC	2 463.06	2 633.68

注:(1)*** $p<0.001$,** $p<0.01$,* $p<0.05$。(2)虚拟变量的参照项为:a=男性,b=专科学历,c=初级(二级、三级),d=无此项任务,e=录播。

模型 1 的因变量为是否增加教师工作负担。通过分析后发现,无论是上饶或上海、农村或城市,教师的职称、学历、任教的学段、在线教学以及在线批改作业的任务与在线授课的主要方式均对是否增加教师工作负担产生影响。其中,在控制其他变量的情况下,本科学历的教师往往比专科学历的教师更有工作负担加重的感受(其发生的概率是专科学历教师的 1.715 倍);每增长一个任教学段(小学、初中、高中),出现负担增加感受的概率会相对减少 19.1%(1=0.809);有在线教学与在线批改作业任务的教师产生工作负担增加感受的可能性是没有这两种任务教师的 1.306 倍与 1.175 倍;职称与负担增加的感受也存在一定关系,高级职称的教师出现工作负担增加感受的概率是初级职称教师的 1.526 倍。

此外,学生的居家自学也会相应降低教师工作负担增加的感受。

模型2的因变量主要验证在线教学是否减轻了教师工作负担,其主要功能为验证模型1结论的稳健性。通过模型2发现,模型1的结论基本稳健。但是,通过模型2发现,无论何种授课方式都不会使老师变得更加轻松。此外,模型1的AIC小于模型2,表明模型1的拟合程度高于模型2。虽然任教学科这个变量不显著,但是通过模型估计发现音乐、美术等教师的负担相对来说可能更轻。

通过上述分析,我们看到有在线教学与在线批改作业任务的教师工作负担明显增加,说明由于在线教学的复杂性,当前的教育信息化服务平台并不能很好地满足在线教学的开展,疫情期间各个学科的教师都在使用不同的APP来完成在线教学任务,在一定程度上增加了教师的工作负担。其次,在线教学期间教师工作负担受教师个体因素的影响也比较大,如教师的年龄、职称、任教学段、任教科目等。

(五) 常规学期与规模化在线教学中教师工作负担的来源

调查结果显示,常规学期教学中教师的工作负担主要来源于:独自备课,包括但不限于查找资料、准备教案、制作课件等(33.7%);教研活动(13.9%);课堂教学,包括但不限于讲授、课堂管理等(13.2%);学校其他事务(11.9%);批改作业(9.8%);学习新知识、适应新教具、新技术(6.1%)等。

在线教学期间教师的工作负担主要来源于:独自备课,包括但不限于查找资料、准备教案、制作课件等(29.4%);在线批改作业(22.1%);在线教学,包括但不限于讲授、课堂管理等(11.4%);在线教研活动(10.7%);学习新知识、适应新教具、新教材、新技术;在线教师培训(7.8%);家校沟通(4.5%)等。

从调查结果来看,教师感知常规学期教学和规模化在线教学的工作负担主要来源于备课、课堂教学、批改作业等。其中,常规学期教学的工作负担还来自学校的其他事务;而规模化在线教学的工作负担还包括学习新知识、适应新技术,在线批改作业,在线辅导,在线教研等。我们可以看到常规学期和规模化在线教学期间教师工作负担发生的转变。那么,在线教学并没有如人们期待的那样能减轻教师工作负担,我们推断更加深层次的原因可能是教与学的场域发生了变化。布迪厄指出,"场域形塑着惯习",也就意味着场域与惯习存在着制约的关系,它们之间是一种"本体论的对应关系"①。不同的场域存在着不同的惯习,同理,教师在常规教学和在线教学两个不同场域内的惯习也存在差异,而这其中的惯习可以理解为教师的教学习惯、教学经验或者是教学观念等。当教师带着在常规教学期间积累的教学惯习进入在线教学这一新的场域时,就会产生"水土不服"的现象,而教师在线教学期间所感知的工作负担的变化可能也有一部分是教师惯习做出调整和重建的结果。

(六) 教师对规模化在线教学的感受

　　调查结果显示(见表4-3),教师对此次规模化在线教学的感受不是很理想。具体感受如下:教师对"在线教学能让教师更加精准地了解每个学生的学习情况,有利于改进教学;在线教学提升了学生的自主学习能力;在线教学的信息共享与实时沟通更加方便,师生交流更加充分"这三个维度并不是很赞同,这与王继新等人调查的结果一致,认为无法精准地进行学情分析是在线教学亟待解决的问题②。但是教师普遍赞同在线教学能提高师生的信息素养,并且在线教学省去了耗费在上下班路上的时间,可以使工作更从容。同时,调查结果显示,此次教师都能顺利地开展规模化在线教学工作,75.2%的教师认为受益于以往的信息技术能力提升培训;70.2%的教师认为受益于常规学期的教学工作经验,35.6%的教师认为受益于平日的在线经验(如参与网络游戏、网络课程等)。从调查结果来看,教师对在线教学的感受并没有如人们理想中的那样,即教师在一定程度上还没有真正看到在线教学的优势,这或许与教师对在线教学的思想准

---

① [法]皮埃尔·布迪厄,[美]华康德. 实践与反思——反思社会学导引[M]. 李猛,李康,译. 北京:中央编译出版社,1998.

② 王继新,韦怡彤,宗敏. 疫情下中小学教师在线教学现状、问题与反思——基于湖北省"停课不停学"的调查与分析[J]. 中国电化教育,2020(5):15—21.

备不足[①],在线教学的设备、技术不到位,在线教学活动设计能力欠缺等有关。也许从另外一个维度可以看出此次规模化在线教学并没有很好地发挥出在线教学的特点。

表4-3　教师对规模化在线教学的感受

题项	N	最小值	最大值	M	SD
在线教学省去了耗费在上下班路上的时间,使得工作更从容了(1代表非常不同意,5代表非常同意)。	2 354	1	5	3.29	1.048
在线教学提升了学生的自主学习能力。	2 354	1	5	2.89	1.047
在线教学中的信息共享与实时沟通更加方便,师生交流更加充分。	2 354	1	5	2.92	0.962
在线教学让我拥有了更多的自主选择权。	2 354	1	5	3.17	0.921
在线教学让我能更加精准地了解每个学生的学习情况,有利于改进教学。	2 354	1	5	2.68	0.984
在线教学提高了师生的信息素养。	2 354	1	5	3.27	0.941

(七) 教师对规模化在线教学的认知

调查结果显示(见表4-4),教师对在线教学活动设计的了解情况、对在线教学技术应用的胜任力情况得分偏低,表明教师对在线教学活动设计的熟悉情况和对在线教学技术应用的胜任力还有待提升,且教师认为在线教学中的师生分离对教学效果的影响较大;在线教学期间,教师与家长沟通的工作得分为6.15分,表明家校合作满意度不高;有关在线教学期间学生打卡、各种表格的填写这一项得分为5.34分,反映出疫情在线教学期间学生打卡和各种表格的填写占用时间较多。从调查结果来看,教师对在线教学的认知是缺乏的,对在线教学活动设计情况不是很熟悉,对在线教学技术应用的胜任力不足,认为在线教学中的师

---

① 邬大光,李文.我国高校规模化线上教学的阶段性特征——基于对学生、教师、教务人员问卷调查的实证研究[J].华东师范大学学报(教育科学版),2020,38(7):1—30.

生分离对教学效果影响较大；这在一定程度上反映出教师对在线教学认知存在一定的困惑，也表现出教师的在线教学能力不高等问题。

表4-4　教师对规模化在线教学的认知

题项	N	最小值	最大值	M	SD
我对在线教学活动设计的了解情况（1代表非常不熟悉，10代表非常熟悉）。	2 354	1	10	6.91	1.788
我对在线教学技术应用的胜任力（1代表非常弱，10代表非常强）。	2 354	1	10	6.74	1.755
我感到在线教学期间学校的事务管理秩序（1代表无序，10代表有序）。	2 354	1	10	6.95	1.903
我觉得在线教学师生分离对教学效果的影响（1代表无影响，10代表影响很大）。	2 354	1	10	7.38	1.961
我觉得在线教学期间学生打卡、各种表格的填写（1代表非常耗时，10代表不耗时）。	2 354	1	10	5.34	2.548
我在在线教学期间与家长沟通的工作（1代表非常不满意，10代表非常满意）。	2 354	1	10	6.15	1.950

三、结论与讨论

根据调查结果分析，规模化在线教学情境下，教师工作负担呈现了新样态。虽然教师工作存在不同的工作负担，但至少可以肯定，此次规模化在线教学改变了教师的工作样态，对教师来说既是专业成长过程中的一次挑战，也是一次机遇。这场规模化在线教学实践中蕴含了丰富的在线教学规律，其中，作为在线教学的主体教师，在这场规模化在线教学中他们是如何应对的，他们的工作负担如何，这才是我们需要把握的，只有把握好教师关于在线教学的认识与实践，才能真正提高在线教学的质量。

(一) 结论

1. 教师对规模化在线教学适应不足,却在努力实践在线教学

通过调查发现,此次规模化在线教学并没有很好地发挥出在线教学的特点,而更多的是把线下课堂搬到线上;教师对在线教学的感受和效果也没有理想中的那样尽如人意,且教师的在线教学活动设计能力和在线技术应用胜任力并不高;但是我们可以看到教师正在通过不同的形式努力实践在线教学。因此,我们认为如何提升教师的在线教学能力便成为了后疫情时期教师专业发展的突破点。

2. 规模化在线教学中,教师工作负担发生了部分转变

根据调查结果来看,在线教学并没有如乐观者所期待的那样减轻教师负担。23%的教师整体感知到规模化在线教学的工作负担比常规学期的工作负担要重,但是,教师对工作负担的感知并没有出现城乡差异;而且不论哪种在线教学方式都不能减轻教师工作负担。常规学期教学中教师的工作负担与在线教学中教师的工作负担都比较重,只是工作负担的类型发生了转变而已。当然,也有部分教师认为在线教学变得更加轻松了,我们推测这些可能多是年轻教师和信息素养较高的教师,还有部分让学生根据资源包居家自学的教师,或者是音乐、美术教师,因为这些科目不便开展线上教学,所以要求可能会降低。因此,后疫情时期,在线教学如何有效地融入日常教学,如何让在线教学的技术应用和技术支持服务更加精准地为教与学服务,如何有效减轻在线教师的工作负担便成为在线教学发展的关键。

3. 影响规模化在线教学中教师工作负担的因素较复杂

从调查结果来看,在线教学中,教师工作负担的增加主要与教龄、职称、任教科目、任教学段、在线教学形式等有关。第一,教龄越高的教师感知到的教师工作负担越重,高级职称教师感知到的工作负担比初级教师更重,本科学历的教师往往会比专科学历的教师感知到更多的工作负担。第二,越是低学段的教师工作负担感越重,但学生的居家自学也会相应降低教师的工作负担感。第三,有在线教学与在线批改作业任务的教师工作负担感大幅提升。虽然任教科目与在线

教学中的教师工作负担没有显著相关,但是通过模型统计发现,音乐、美术等学科教师的工作负担相对来说可能更轻。第四,当前的各类教学平台琳琅满目,各学校、区域缺乏统一的教育云服务平台,无法满足在线教学的要求,以致教师需要通过多种教学服务平台完成在线教学,这增加了教师的工作负担。因此,规模化在线教学需要我们重新思考教师工作负担的影响因素,考虑如何让在线教学发挥真正的优势。想要实现技术乐观者所说的那样,让技术真正发挥其价值,成为教师的助手,减轻教师的工作负担,需要我们重新审视技术对教师工作带来的变化,重新思考如何提升教师的专业能力以适应技术的变化,如何通过技术促进教师专业发展等问题。

4. 教师遭遇着对规模化在线教学认知和感受的困惑

从调查结果来看,教师正遭遇着对规模化在线教学认知和感受的困惑,教师并不是很认同在线教学能提升学生的自主学习能力,能让教师精准了解学生的学习,实现信息的及时共享和交互性的进一步增强。虽然在此次调查中,教师认为在线教学的教学效果没有常规学期的教学效果好,但作为一次特殊时期的在线教学,其在一定程度上能转变学生的学习方式,同时也隐约反映出教师对在线教学的本质和规律的认识以及开展和设计在线教学活动的能力是缺失的。显然,我们需要重新思考的问题是,如何深化当前在线教学的应用及教师该如何正确看待在线教学。

客观地说,此次调查反映出来的教师对规模化在线教学的感受,并不能代表教师对非疫情时期在线教学的感受。尽管如此,此次数据在一定程度上还是反映了在线教学中教师工作负担的状况,同时,这也给我们关于后疫情时期在线教学留下了许多反思的空间。后疫情时期,教育可能会呈现出新的样态,我们需要思考的是,如何让技术在教师工作中适当地发挥作用。我们认为需要构建信息技术与教育教学深度融合的场域。在这个场域中,教师的教学行为将发生转变。只有这样,教师才能适应后疫情时代教育的变革。最后,我们需要冷静地对待技术乐观主义者对技术能减轻教师工作负担的看法,也要理性地对待技术悲观者对技术增加教师工作负担的看法,只有将技术与教育放置在一个合适的场域中,技术才能发挥它应有的价值。

（二）进一步讨论

1. 提升教师和学生的数字素养与技能，做一名合格的数字公民

数字素养与技能既是数字时代教师专业发展的必备要素，也是数字时代学生必备的素养。规模化在线教育在一定程度上提高了学生的数字素养，但有关问题解决能力和运用技术促进学习的能力，还需要不断的实践。根据调查和访谈结果显示，当前教师的在线教学能力尚有不足，主要表现在三大方面：教师的信息技术应用能力不足；教师对规模化在线教学存在疑虑，表现为对规模化在线教学质量的担忧；教师对规模化在线教学的不适应，这可能与办公场所等场域的变化有关，即反映出教师在线教学胜任力不足，较难适应规模化在线教学。回过头来看，随着近年教师信息技术应用能力提升工程 2.0 项目的实施，我国教师信息技术应用能力培训取得了巨大成就，但在后疫情时期，我们需要反思，教师的信息技术应用能力提升该何去何从。布迪厄认为，在不同的场域之中，场域结构与场域环境对行动主体的发展具有深远影响。那么我们需要思考教师如何应对后疫情时期的教育，特别是提升教师在不同场域中的数字化胜任力。第一，重新思考如何进行在线教学，如何设计和组织在线教学活动等，提升教师和学生的数字化胜任力。第二，加强在线教学 APP 的监管并规范在线教学质量，在线教学质量的落实离不开对在线教学 APP 的监管，促进在线学习的深度发生以及提升在线学习的投入度。第三，转变家校合作方式。疫情之后，家校合作方式也将发生转变，应提高家校合作意识，善用信息技术增强家校合作等。

2. 追寻信息技术与教育教学融合的新常态

后疫情时期，教育可能呈现出新的样态，如何让技术在教师工作中恰当地发挥作用？我们认为需要追寻信息技术与教育教学融合的新常态。首先，要追寻信息技术与教育的生态融合，信息技术对教育教学产生持续影响的关键在于使技术能够有效嵌入生态、走向常态，只有这样，技术在教育教学过程中才能发挥恰当的作用。其次，要构建信息技术与教育教学深度融合的场域。在这个场域

中,教师的教学行为将发生转变。教师要认识到,智能时代对教师提出了新的更高的要求,教师要接受智能时代学习方式的变化,如个性化学习、技术支持的项目式学习等多种学习方式;教师要接受智能时代教学方式的变化,如线上线下融合的教学、慕课、智慧课堂等多种形式的教学方式。

第二节　教师负担与教育的数字化转型

大规模在线教学期间教师负担的"增减"状态,提示了信息技术的运用与教师负担之间不是一个简单的线性关系。随着教育的数字化转型不断推进,数字化环境逐渐将融入教师教育教学生活中的生态,教师负担在其中的形态和特征值得进一步我们关注。事实上,信息技术进入学校教育的步伐从未停止,人们一直期待信息技术改变课堂的同时,也期待着信息技术对教师实现某种"赋能""解放""支撑"——正如"轻松点开""一键完成""同步生成""资源共享""实时传输"等"信息化专用语"所传达的那种人们对信息技术减轻教师工作负担、提升教师工作效能的乐观期待。

一、信息技术真的能为教师减负吗?

教育技术领域一直对信息技术能给教师带来"福利"充满信心:乐观主义者认为,教育信息化一定有助于解放教师,让教师能有更多的时间投入教学设计和实施[1]。有研究认为,有效使用信息技术,如使用电子邮件进行沟通,使用电话或视频通话与家长沟通,制作属于学校的年历进行管理变革等一系列具有操作性的教师工作减负的"脚手架",能减轻教师工作负担[2]。有研究者认为,信息技术

---

[1] 徐鹏.人工智能时代的教师专业发展——访美国俄勒冈州立大学玛格丽特·尼斯教授[J].开放教育研究,2019,25(4):4—9.
[2] 魏叶美.助力"教"与"学":英格兰教师减负政策探析[J].全球教育展望,2020,49(1):62—74.

能为教师"增能",学习分析技术可以帮助教师了解学生的学习过程数据,为教师优化教学设计提供依据,从而实现教师"减负"[1]。有研究通过设计在线考试系统减轻教师工作负担[2]。有研究利用信息与通信技术(information and communications technology,以下简称"ICT")来解决教师工作负担,他们开展的"转变学校劳动力探路者"项目在减少了教师工作量的同时也提升了教师的信息素养[3]。也有研究者认为,信息技术能否实现为教师工作减负取决于若干个重要因素,如数字化领导力、信息化基础设施、以用户为中心的设计等,其中,学校、开发者、政府都有着相应的角色和任务。

与此同时,也存在着一批悲观主义者。他们认为信息技术对传统的教师工作形成了冲击,无论对教师的工作形式、教学方式、学习方式,还是对教师的思维方式或行动取向都会带来影响[4],因而带给教师的更可能是增负、增压。以在线教学为例,教师只有做足了有关在线教学内容、在线教学策略、在线教学方法等方面的准备才能应对在线教学的挑战[5]。有研究认为,由于教师缺乏信息素养,造成了课程设计难、学习评价难、课堂监管难的局面,客观上加重了教师的工作负担[6];相比于常规教学,教师在线上教学课程设计上所花的精力比以往更多,备课压力也更大[7]。也有学者认为,中小学教师正在遭遇"技术过载",对信息技术

---

① 顾小清,舒杭,白雪梅.智能时代的教师工具:唤醒学习设计工具的数据智能[J].开放教育研究,2018,24(5):64—72.

② Aggrey E, et al. Online Test System to Reduce Teachers' Workload for Item and Test Preparation [A]. Popescu, E., et al. Innovations in Smart Learning [C]. Singapore: Springer, 2017. 215 - 219.

③ Selwood, I. Pilkington, R. Teacher Workload: Using ICT to Release Time to Teach [J]. Educational Review, 2005(2).

④ 王帅.信息技术的教学本体进路及阈限[J].教育研究与实验,2018(6):7—11.

⑤ 翁朱华.在线辅导:在线教学的关键——访在线教学领域知名学者吉利·西蒙博士[J].开放教育研究,2012,18(6):4—8.

⑥ 张辉蓉,朱予橦,念创,熊张晓.重大疫情下中小学网络教学:机遇、挑战与应对[J].课程·教材·教法,2020,40(5):58—63.

⑦ 胡小平,谢作栩.疫情下高校在线教学的优势与挑战探析[J].中国高教研究,2020(4):18—22+58.

的"倚重"将会加大教师工作负荷①；教师们认为信息技术从根本上改变了他们的工作习惯，并正在延长他们的工作时间②。事实上，无论何种教学技术，只有被使用者接受并真正融入教育过程中才能发挥作用，否则只可能加重使用者的负担③。塞尔文(N. Selwyn)并不认为数字技术能给教师减轻工作负担，相反，他认为数字技术通过对教师工作的数字化测量与数字化拓展等，对教师工作进行重组，教师为了适应这种重组，负担将进一步加重④。

笔者研究团队梳理了国内外广泛应用的职业压力分析模型，从中归纳整合了一般职业负担的 12 个影响因素：体力负荷、创造性要求、技能要求、学习新事物要求、重复工作、任务冲突、承担责任要求、内容多元性、时间紧迫性、时间规律性、超时工作、工作打扰。可以发现，技术乐观主义者通常所关注的是信息技术在减轻教师体力负荷、减少教师重复工作、减轻教师任务冲突等方面的作用；而悲观主义者通常看到的是信息技术给教师带来的创造性要求、技能性要求、学习新事物的要求、承担责任的要求以及超时工作、工作打扰等问题。不难看出，乐观主义者的观察、悲观主义者的推断所反映的，仅是信息技术对教师工作负担所造成影响的一个侧面。但由于我们无法对这些侧面进行简单比较，因此信息技术对教师的减负效应和增负效应到底孰重孰轻，总体上会使得教师减负还是增负，是一个很难回答的问题。如果我们仅仅将思考停留在信息技术的显性特征与教师负担的表面现象上，那么可能就无法从根本上回答信息技术对教师负担的影响问题；而要真正解答这一问题，则必须厘清信息技术发展过程中教师负担的本质。

---

① 吴仁英，王坦. 翻转课堂：教师面临的现实挑战及因应策略[J]. 教育研究，2017，38(2)：112—122.

② Califf, C. Brooks, S. L.. An Empirical Study of Techno-stressors, Literacy Facilitation, Burnout, and Turnover Intentionas Experienced by K - 12 Teachers [J]. Computers & Education, 2020, Vol. 157.

③ 谭维智. 教师到底应该因何施教——基于技术现象学视角的分析[J]. 教育研究，2013，34(9)：102—111.

④ SeIwyn N. Teachers vs Technology：Rethinking the Digitisation of Teachers' Work [J]. Ethos，2017(3).

二、科技加速与劳动异化

罗萨（Rosa，H.）在社会加速批判理论中提出，信息积累和传输速度的提升是科技加速的重要特征。他的社会加速批判理论精辟地分析了科技加速与社会变迁的关系，揭示出科技加速时代劳动者工作负担加重的必然性[①]。将信息技术与教师负担之间关系的讨论置于加速理论的视野中，有助于我们洞察信息技术影响教师负担的深层机制。

罗萨将加速现象区分为科技加速、社会变迁加速和生活步调加速三个范畴。罗萨的基本问题是，按照科学技术的逻辑，人的工作将被一代比一代先进的机器直至智能机器取代，"科技加速在逻辑上应该是会增加自由时间的，亦即应该会让生活步调变慢，消除或至少减轻时间匮乏"[②]，但为什么我们今天反而更加疲于奔命？我们并没有随着科技加速而进入舒缓轻松的工作和生活状态，相反，在科技越发达的地方，工作和生活节奏就越快，人们也更为忙碌，仿佛是受到了时间节奏的奴役。为什么会这样？罗萨发现，人们总是期待着一种科技加速与生活步调的反比例关系，但要维持这种反比例关系的前提是任务总量不变。可科技加速使得人们在一定时间单位中的行动事件量或体验事件量增加了，这是因为人们觉得必须在更少的时间内做更多的事。在"加速社会"当中，"事务量成长率系统地超过了科技加速率，因此面对科技加速，人们的时间仍然越来越匮乏"[③]。"现代社会的特征，就是事务成长与科技加速命中注定般地结合在一起"[④]，于是人们在单位时间所承担的工作负担也就越来越重。

[①] ［德］哈特穆特·罗萨. 新异化的诞生：社会加速批判理论大纲[M]. 郑作彧，译. 上海：上海人民出版社，2018.2.

[②] ［德］哈特穆特·罗萨. 新异化的诞生：社会加速批判理论大纲[M]. 郑作彧，译. 上海：上海人民出版社，2018.26.

[③] ［德］哈特穆特·罗萨. 新异化的诞生：社会加速批判理论大纲[M]. 郑作彧，译. 上海：上海人民出版社，2018.28.

[④] ［德］哈特穆特·罗萨. 新异化的诞生：社会加速批判理论大纲[M]. 郑作彧，译. 上海：上海人民出版社，2018.29.

在学校教育的场景中，从传统教学时代跨入信息化教学时代，仅仅用了很短的时间。在 20 世纪与 21 世纪之交，计算机还是中小学校的奢侈品，计算机辅助教学是当时许多教师的梦想。教师们学会了制作电子文档，打印输出替代了蜡纸油印，教学录像替代了听课笔记……随着信息技术的不断发展，移动终端和移动互联网开始进入教师的生活和工作世界，教师可以将更多的教学资源引进课堂，也可以将学生"带出"课堂，在线学习也展现出了诱人的前景，在一些学校，信息化成为了日常教学、管理的基本样态。这一切让科技加速更加显著。尤其是新冠疫情期间的"停课不停学"，使得学校对信息化教学的适应程度大幅提升，大数据、云计算、人工智能、区块链正逐步将学校推向一个数字化新形态。需要指出的是，教育或学校的数字化转型是伴随着社会的数字化转型同步甚至是延后发生的。教师在这样一个技术迅速迭代的进程中几乎没有任何选择：无论是主动或被动，都会由于被数据"服务"和被系统"提出要求"而跨入迭代更新不断加快的信息时代。

用罗萨质疑科技革命带给人的解放这一逻辑来看，教育技术加速发展带给教师的，在表面上、短期内可能是"减负""释压"的效应：PPT 的使用大大减轻了板书的工作量，网上调取备课资料方便了教案的准备，智能作业系统减少了手工处理学生作业的工作量……这一切似乎意味着只要使教师掌握这些技术，提升教师的"信息技术应用能力"，那么教师负担的减轻就是不言而喻的。然而放眼中长期，新技术的不断引入必将使教师疲于学习和适应不断更新的装备，疲于应对新技术带来的新的教育期待和教育事务：教学上，教师需要处理来源更丰富、范围更宽泛的教学资源，课堂教学的个性化要求也更高；评价上，教师需要面对除了纸质作业和考卷以外的、更多数字化形态的学生作品；师生互动上，教师面对数字化经验可能比自己更加丰富的学生，代际互动的难度更高；家校沟通上，原来一学期一次的家长会变成了现在微信上的随时沟通……无论我们是用工作时间还是工作量来衡量教师负担，都能看到教师在享受新技术不断赋能的同时，自己可自由支配的时间也愈加紧张、工作压力愈加沉重；教师们只要身处其中，就必然要"自觉地"承担"不愿增加"的工作负担，从而遭受教育劳动的

"异化"①。

三、数字时代教师负担的根源

罗萨关注到科技加速必然带来的社会加速和生活加速。与此异曲同工的是美国哲学家伊德(Ihde, D.)受海德格尔(Heidegger, M.)"形式指引"的启发所提出的"技术意向性"(technological intentionality)概念。所谓"技术意向性",指的是技术对使用者行为的引导和指向,就如同技术的设计者将所期待的行为方式铭刻在技术人工物(软件或硬件)中,"只要使用了技术,使用者就需要将自己已有的行为模式调向技术所期待的行为方式"②。教育技术也具有这种"技术意向性",那么作为一种教育技术的信息技术又有着怎样的"技术意向性"呢?以乔纳森(Jonassen, D.)为代表的教育技术学者鲜明地提出,想要将新兴的互联网技术应用于教学,就应该在使用取向上实现质的转换,即从"用网络教"到"用网络学";基于网络的教学不能停留在教学的便利上,其根本价值在于帮助学习者从事建构的、有目的的、真实的和合作性的学习活动。斯马尔蒂诺(Smaldino, S.)在其经典教材《教育技术与媒体》中展望道,教师要从信息展示的任务中解放出来,从信息的提供者变成各类学习资源的协调者,充当学习的促进者、管理者、顾问和激励者,教师将越来越像是"站在旁边的引导者",而不是"讲台上的圣贤"③。

那么,在信息技术早已走入各类教育场景,各种舆论已在畅谈人工智能时代的教育愿景的今天,乔纳森和斯马尔蒂诺的期待落实了吗?国际学生评估项目(The Program for International Student Assessment,以下简称"PISA")和教师教学国际调查(Teaching and Learning International Survey,以下简称"TALIS")中有关教师使用技术和教学实践改变的数据,为我们描绘了一个

---

① 罗萨将"异化"定义为"人们自愿做某些不是人们自己真的想做的事情"。参见:哈特穆特·罗萨.新异化的诞生:社会加速批判理论大纲[M].郑作彧,译.上海:上海人民出版社,2018.7.

② 韩连庆.技术意向性的含义与功能[J].哲学研究,2012(10):97—103+129.

③ [美]沙伦·斯马尔蒂诺.教学技术与媒体[M].郭文革,译.北京:高等教育出版社,2005.421.

冷静的现实。

有研究者基于PISA 2012年相关测试结果的分析表明,"上海教师在课堂上使用ICT的频率远高于学生,信息技术的应用主要是教师用于直接教学"。以数学课程为例,上海教师对小组合作学习、个性化学习、项目学习等以学生为中心的教学设计的运用较少,对以学生为导向的实践和形成性评价的运用也较少,而这些恰恰是基于技术的教学设计所应擅长支持的教与学活动[①]。

TALIS 2018报告再次揭示,虽然上海教师接受过正式的"运用ICT教学"、感到"运用ICT教学"的准备充分或很充分、最近专业发展活动中包含"运用ICT教学"的三项水平均高于经济合作与发展组织(Organisation for Economic Cooperation and Development,以下简称"OECD")的平均水平[②]。但报告同时发现,教师在"让学生使用ICT做项目或课堂任务"上的水平远远低于OECD均值(24/53)。与2012年相比,尽管数字化教学设施配备和相关的培训让老师们比较满意,但是将ICT用于教师的教而不是学生的学这一状况仍未改变。有研究者基于TALIS 2018结果的分析显示,虽然经常"让学生使用ICT完成作业"的上海教师只有24.3%(比OECD低26.4%),但是73%的上海教师报告"比较能"和"非常能"在课堂中运用此策略[③]。可见,教师在很大程度上没有成为"站在旁边的引导者",而依旧是一个由ICT辅助的"讲台上的圣贤",看来"较少让学生"使用信息技术来学习,显然不是因为教师"不能"。

OECD发布的《全球教学透视:教学视频研究》指出,这种现象在世界范围内也普遍存在。另一种表现是,尽管很多可以从事高级思维教学的技术已经可用,但是只有很少的教师在课堂上使用计算机进行高级思维教学,多数还是停留在

① 赵健等.创建全球科创中心,上海学生的数字化素养够了吗?——基于PISA 2012相关测试结果的分析[J].开放教育研究,2017,23(5):30—41.
② OECD. TALIS 2018 Results (Volume I):Teachers and School Leaders as Lifelong Learners [EB/OL]. https://www.oecd-ilibrary.org/education/talis-2018-results-volume-i_1d0bc92a-en.
③ 王洁,张民选.TALIS 2018折射出的教师教学实践:全球趋势与上海特点[J].比较教育研究,2020,42(3):74—82.

通讯交流层面①。换言之,尽管我们听到过一些特别的案例,但 ICT 在世界范围内改变学校的教学范型、推进深度学习等方面仍然收效甚微。

人们一直试图解答,信息技术因何未能如设计者和推动者所愿,革新和改变教学的行为模式,实现"技术的意向"? 以往的研究和分析多认为原因是教师不具备技术使用能力,但这并没有触及技术与教师专业行为之间的深层关系。TALIS 搭建了一个教师专业的三维度框架,即教师的专业知识基础、专业自治、同行网络②。可以看出,提升教师的信息技术应用能力,改变的仅仅是教师专业知识基础这一个维度。另外两个维度则期待教师利用信息资源更易获取、即时通讯更加便捷的条件,使用更加丰富的技术来进行专业化教学决策(即专业自治);参与更多的同行合作、知识协作(即同行网络),以创造新的课堂实践、维护专业共同体成员的身份。这意味着他们需要投入更多的时间和精力,而这些时间和精力投入所导致的教师负担,恰恰是被忽视的。

如果说,上述只是从教师专业的概念模型上解释了教师在数字时代"遭遇"负担的原因,那么柯林斯(Collins, A.)则将视角拓展到了实践。柯林斯认为,只有把技术环境中的教师负担问题置于技术所引导的教育实践与常规或传统的教学惯习(habits)之间深刻不协调的总体认识中,才能把握这种关系的本质——教育技术与教师负担的关系,这实际上反映了教育技术与传统教学实践的内在冲突。柯林斯指出,教育技术与传统教学实践的内在冲突体现在如下六个方面:是转向个性化定制的学习还是维持统一步调的学习;是顺应知识来源多样化还是维持教师作为单一专家;是鼓励专家式深度学习还是维护标准化评价;是充分调用校内外资源解决问题还是依旧追求拥有学校知识;是帮助学生学会用技术和方法来适应知识爆炸时代还是依旧往课程中添加更多的内容;是引导学生做中

---

① OECD. Global Teaching Insights: A Video Study of Teaching [EB/OL]. https://www.oecd.org/education/global-teaching-insights-20d6f36b-en.
② 王洁,张民选. TALIS 教师专业发展评价框架的实践与思考——基于 TALIS 2013 上海调查结果分析[J]. 全球教育展望,2016,45(6):86—98.

学还是依旧让他们通过吸收和同化而积累知识①。一言以蔽之，这些冲突实际上是在教学中引入信息技术所预设的以学习者为中心的变革方向与教师长久以来被体制所塑造的专业范型之间的内在冲突。这种变革正在解构自现代学校建立以来所形成的、广大教师也深刻参与的"人才标准化生产"。从这个视角来说，信息技术进入学校，给教师带来了两重负担：一是显性负担。教师为掌握新技术、新设备而不断增加的工作时间，这往往是可见的、显性的。目前大量的针对教师的信息技术能力提升培训就是力图帮助教师尽快获得这种能力。二是隐性负担。教师运用技术来改变教学的范型，即解决前述的"冲突"所承受的工作负担，这往往是隐性的，不易被察觉的。这意味着，教师即使掌握了技术的应用技能，还需要花费更多的精力来探索技术本身蕴含的教学新范型。这是教师面临的更大的挑战，也是更深的负担之源。换言之，技术为教师所减去的负担是传统教育实践范型下的工作量；而增加的负担，是技术所指向的新实践范型中的工作量以及为了适应新范型所需的必要准备。在解决新旧实践范型的冲突时，教师既有可能是承受所增加的负担来革新教学实践，也有可能将技术置于一边或仅将技术用来加强自己原有的教学范型以减轻自己所承受的额外负担。当教师没有足够的胜任力，或者得不到足够的支持，在技术环境中面对教育转型的"自我效能感"大大受挫时，将更有可能采用后一种策略来解决冲突，从而使自己在无可逃避的科技加速语境中控制自身负担。由此，柯林斯提醒我们，技术所带来的教师负担，反过来也会影响技术在学校教育中的应用深度，进而影响到技术时代教育实践变革的发生。

四、面向教育数字化转型的教师负担治理

罗萨、柯林斯等人为我们审视数字时代的教师负担提供了新的视角，即信息

---

① ［法］阿兰·柯林斯. 教育大变局：技术时代重新思考教育［M］. 陈家刚，译. 上海：华东师范大学出版社，2020.52—55.

技术与教师负担的本质联系以及教师负担对教师行为决策的影响。综合罗萨、柯林斯等人的论述,可以得出以下结论:第一,科技加速所引发的社会变迁加速是造成个体生活步调加速,增加劳动者工作负担的本质因素,这种趋势不可避免;第二,和其他一切劳动者一样,教师也身处在这一加速趋势中,尽管技术的进步能在细节上解决一些问题、减轻一些负担,但从整体、长远来看,随着教育领域技术加速所引发的教师生活步调加速,教师的工作负担会加重;第三,教育领域技术加速引发教师生活步调加速的根本原因,是教育领域技术意向性的不断"涌现",其要求教师通过不断的学习、探索,从而不断重构自身的工作范式,这种趋势在教育信息化、数字化过程中的体现尤为突出;第四,所谓教育领域技术的意向性包含着诸如有教无类、因材施教、深度学习等人类关于教育的一切美好愿景,同时也包含着对教师更新、更多的工作要求,且这些愿景与要求是随着科技的加速而加速出现的;第五,当不断涌现的新期待、新要求都被落实加诸于教师身上,教师负担的增长也就不言而喻了。需要指出的是,科技,尤其是信息科技的加速不是线性的,而是指数性的。如果上述逻辑正确,若不加以干预,那么可以预见,未来只可能有两种结局:要么是技术被弃之不用,要么是教师的不堪重负。看来,改变已是相当迫切。

法国数字经济学家迪亚斯(Diaz, M.)指出,数字化转型的背后,实质上是新的社会模式的建构与新的社会契约的制定①。在教育实践的语境中,"新的社会模式的建构"与"新的社会契约的制定",意味着教师个体、学校组织和教师行业共同体适应数字化转型要求,提升教师数字胜任力,推动教师专业标准更新,促进教师组织与管理体系变革。

(一) 加强教学实境中的数字技术应用能力培养,提升教师的数字胜任力

《2021 地平线报告(教与学版)》在对技术影响未来基础教育的趋势、挑战进

---

① [法]曼努埃尔·迪亚斯. 数字化生活:假如未来已经先你而行[M]. 苏蕾,译. 北京:中国人民大学出版社,2020.140.

行预测时,指出创客空间、分析技术、人工智能、机器人、虚拟现实和物联网是未来五年内将影响基础教育的六项重要技术进展,由此推动基础教育中增加学习机会和便捷性、激励教学创新、开展实景体验学习、跟踪和评估学业进展数据、促进教学专业化、普及数字素养等六大发展动向①。这些动向归结起来将进一步推动教育实践向着背离传统授受教学模式的方向急速转型,学生和教师的随时随地学习与合作、更多的学习平台、更加逼近真实实践的学习方式和学习空间、基于数据分析的学习内容定制和学习体验的个性化组织,将逐步渗透学校教育的实践生活。技术对教学实践的渗透和融入,使得数字胜任力必须被纳入教师的必备专业素养中。

教师的数字胜任力不仅要求其具有信息技术的知识和操作能力,而且要具备技术道德意识、技术伦理、技术思维和基于技术的真实性学习模式的设计和实施能力,从而提升教师在教育教学中对新的数字技术和数字时代青少年认知及情感变化的敏感度,增强教师以数字技术革新教育教学的方法和形态的自觉。对于职前教师和在职教师而言,尤其是对于在数字时代成长起来的年轻教师,要将重点从"信息技术应用能力提升"转向"技术支持的学与教创新",进一步加强整合技术的学科教学法知识(Technological Pedagogical Content Knowledge,简称"TPACK"),培养教师成为超越信息技术工具属性的适应性专家(adaptive experts)②。

教师数字胜任力的这些新内涵,亟须教师教育的专业研究者在教育数字化转型的实践境脉中予以概念界定和模型建构。

(二) 推进数字胜任力纳入教师专业标准,更新教师评价体系

当前,在我国基础教育的教师专业标准体系中,教师专业标准和信息技术应用能力标准是分列的两个标准,教师的数字胜任力要求尚未融入教师专业标准,

---

① 2021 EDU CAUSE Horizon Report (Teaching and Learning Edition) [EB/OL]. https://library. educause. edu/resources/2021/4/2021-educause-horizon-report-teaching-and-learning-edition.

② 梁茜. 教师信息技术应用能力国际比较及提升策略——基于 TALIS 2018 上海教师数据[J]. 开放教育研究,2020,26(1):50—59.

暂未形成一个系统化的、统一的指导教师岗位设置、教师专业发展和教师评价的政策体系。例如，2012年我国颁布的《幼儿园教师专业标准(试行)》《小学教师专业标准(试行)》《中学教师专业标准(试行)》，只在专业知识的"通识知识"类别中要求教师"具有适应教育内容、教学手段和方法现代化的信息技术知识"①。而按照2014年颁布的《中小学教师信息技术应用能力标准(试行)》，在职教师的信息技术应用能力已经包含了五个维度(技术素养、计划与准备、组织与管理、评估与诊断、学习与发展)的25项能力②。这就意味着在教师专业标准之外，教师另有一套需要达到的信息技术应用要求。随着修订版基础教育课程标准和新教材在教育数字化转型期间陆续出台，在教师专业标准适应新课标新教材实施要求的调整与更新行动中，将教师的数字胜任力纳入教师专业标准体系、建立适应教育数字化转型的教师专业能力谱系，正逢其时。

为适应数字化转型所引导的教育实践新范型，教师对信息技术的掌握不应再与教师专业能力分隔开来，应该在对教师数字胜任力做出更新、升级后，将其视作教师专业的有机组成部分，整合到教师的学科教学与育人工作能力体系中。依据新的标准为教师配备适当的专业发展机会，推动教师从个人学习用技术，到走进技术变革教育的实践共同体，帮助教师完成教学行为模式的转换，进而逐步形成对新型教育实践的认同，使得教师的自我效能感跟上教育数字化转型的节奏。

换言之，将教师的数字胜任力纳入教师专业标准，将会直接影响教师评价体系的更新。教师参与数字化教育实践的意识、能力和成效就可以被纳入职岗责任和业绩考核，这样既能解决教师从"掌握技术应用"到"用技术改进教学实践"的系统动力问题，又能推动技术成为教师变革教学范型的内生因素，从而为教育数字转型中的教师减负提供政策依据。

---

① 教育部关于印发《幼儿园教师专业标准(试行)》《小学教师专业标准(试行)》和《中学教师专业标准(试行)》的通知[EB/OL]. http://www.moe.gov.cn/srcsite/A10/s6991/201209/t20120913_145603.html.
② 教育部办公厅关于印发《中小学教师信息技术应用能力标准(试行)》的通知[EB/OL]. http://www.moe.gov.cn/srcsite/A10/s6991/201405/t20140528_170123.html.

（三）适应数字时代的教育实践转型，促进教师组织与管理制度变革

与传统上以授受型教学为主、教育知识主要集中在教师身上的学校知识系统不同，在数字化转型引导的教育实践中，教师的专业知识与智能设备所包含的教育数据处理能力构成了一个分布式的专家知识系统，共同完成包括学情分析、学习需求研判、学习资源提供、个性化评价、学习交流等教学任务。

在这一系统中，一方面，数字胜任力不仅成为了教师和学生，也包括学校领导者和所有教职员工的必备专业素养，提升全体教职员工的数字胜任力的培训工作应被纳入常规的专业发展体系。另一方面，学校各工作岗位的工作内容和职岗责任需要为适应这一系统而重新设计。不是简单地将数据的收集、分析和应用的技能都纳入教师的工作职责，从而增加教师的工作负担，而是应该将学校中师—生、师—机、生—机的互动纳入需要管理的教学事务的范畴。关注数字化转型带来的工作增量和新型事务，适时在学校的教研部门设置学情与教情数据分析的专门岗位，促进教师专业的合理分化和更高水平上的专业化，将数字智能提供的教学数据和教师的教学专业知识进行有机衔接，从制度上消解教师劳动因科技加速所产生的异化趋势。

厘清数字技术的快速迭代与教师负担的关系、揭示教师超负荷工作对于教育实践变革的掣肘，便于我们理解数字时代的教师减负与面向实践转型的教师专业发展是一个问题的两个侧面。从科技加速的飞轮中将教师解放出来，既不是放缓教育的数字化转型进程，也不是缺什么补什么，而是需要以"教师—技术—教育实践"的内在联系为依据，重新界定教师专业的概念和设计教师的工作体系，并将其纳入面向教育现代化的教师队伍建设和发展，服务于数字时代学校教育的高质量发展。这是数字时代背景下教育治理体系和治理能力现代化的一个组成部分。

后 记

2019 年，教师负担问题被频频提及。年初全国教育工作会议上，时任教育部部长陈宝生同志说："这些年来，我们一直在努力给学生减负，今天我要强调，教师也需要减负。"

作为长期与中小学教师打交道的教育研究者，我们对此深有感触。在我们掌握的国内文献里，教师负担的问题多为描述那些加诸教师身上的五花八门的非教学性工作，教师的减负也是减轻这些负担。看似逻辑很简单，但是深究下去就会发现一些困境：教学性工作与非教学性工作的边界如何划分？当我们将教书育人视为教师应该承担的责任时，育人的工作与学生日常生活的方方面面都有关系，许多看似非专业性教学的工作恰恰跟育人有关，包括翻转课堂、家校沟通、馆校合作、非正式学习空间等，都将传统教师的教学工作边界不断向外延展。那些五花八门的填表、检查评估、行政摊派等工作，更是让教师们应接不暇。那么哪些工作是教师应该承担的教学责任和育人使命，哪些是教师无需承担、应予以减除的？在实际工作的具体场景中，这些是很难界定的。有关教师负担的内涵界定、教师负担的外延描述、各类教师负担的发生机理以及教师负担的治理路径等，都还存在相当大的研究空间。

恰逢华东师范大学国家教育宏观政策研究院招募相关的研究选题，我们就抱着尝试的心态申报了，也如愿得到了研究院的大力支持。

在本研究进行的过程中，外部环境不断发生变化。2019 年 12 月，中共中央办公厅、国务院办公厅印发了《关于减轻中小学教师负担进一步营造教育教学良好环境的若干意见》，提出要坚持共同治理，调动各级各部门、社会各界力量形成合力,切实减轻中小学教师负担。随后各省市都出台了减负清单,有关减负的各地政策文本一时间丰富起来。接着一个令所有人始料不及的情况发生了,2020年春,新冠疫情突如其来,在停课不停学的大背景下,全国所有学校、教师和学生投入了一个巨大的在线教学实验场中,传统线下教学中的教师负担问题瞬间转换至由数字平台支撑下的虚拟教学空间中。

另外,上海参加了世界经合组织的"2018年教师教学国际调查"(简称TALIS 2018),其结果于2019年年中公布,教师负担作为描述教师工作的一个侧面,有了一个国际参照的系统,这使得研究获得了一个有力支撑。

本研究就在上述意料之中和意料之外的各种条件下跌宕起伏地展开。本书主要包括四个章节:

第一章为教师负担概念及其治理。本章包含三节内容,从教师负担概念辨析到有关教师负担的度量依据及测量工具介绍,最后是对教师负担实质的探讨并给出相应对策。

第二章为国际视野中的教师负担及治理政策。本章包含四节内容,分别对日本、俄罗斯、英国、美国四个国家的教师负担情况及其治理政策进行介绍。

第三章为我国中小学教师"减负"政策研究。本章包含四节内容,围绕我国中小学教师"减负"政策展开。首先追溯我国中小学"减负"政策的历史,接着从这几年全国上下颁布的各级各类"减负"文件中透视我国中小学教师负担的来源。接下来的两节分别以教师的职业角色为观察点,深入分析"减负"政策中隐含的有关教师工作本质的认识,指出教师职业角色的厘清是负担治理的内在依据;以政策生态为观察点,深入分析了"减负"不是独角戏,而需与整个教育改革和发展的政策系统相融合。

第四章为数字时代的教师负担。本章包含两节内容,首先呈现了研究团队利用大规模在线教学的自然实验机会做的一个研究,揭示了以在线教学为例的数字技术在改变教学形态的同时,对教师工作负担产生的影响;继而从加速理论和技术的意向性等理论视角,对教育的数字转型与教师负担之间的内在关系进行了深入剖析。

另外,我们基于论证的延伸,在本书的各个部分、从不同视角提出了有关教师减负的政策建议。

我们邀请了赵孟仲、刘许、张海蓉、王沛转、吕陆想、吕琳、陈诗瑜、王厚红、彭泳斌、金志杰、刘若萌、万昆等硕博士生一起加入了教师负担的研究工作。非常感谢他们!最后,感谢华东师范大学出版社的大力支持。由于作者的水平有限,许多地方还有待继续完善,敬请读者批评指正。

教书育人是一份光辉的职业,不论是探讨教育教学改革还是教师专业发展,都需要考虑教师负担这个话题,同时,对于教师负担的研究也不仅仅是一个"减"字。热切希望此书能为中小学教师减负、提质、增效提供助力,同时对教育管理者、教育研究者、中小学教师深刻理解教师工作以及参与教师负担治理有所帮助。

赵　健　吴旻瑜

2022 年 12 月于上海